Échos silencieux : Paroles d'adolescente

Du même auteur

Je ne t'écoute pas..

Leeloo Derhore

Échos silencieux : Paroles d'adolescente

Loi n°49-956 du 16 juillet 1949 sur les publications destinées à la jeunesse

© 2024 Leeloo Derhore
Édition : BoD · Books on Demand, 31 avenue Saint-Rémy,
57600 Forbach, bod@bod.fr
Impression : Libri Plureos GmbH, Friedensallee 273,
22763 Hamburg (Allemagne)
ISBN : 978-2-3225-5973-2
Dépôt légal : Janvier 2025

Leeloo Derhore

Leeloo Derhore, née le 24 novembre 2007 à Armentières, est l'aînée de sa fratrie.

Passionnée par de nombreux domaines tels que le théâtre, le chant, la peinture et l'écriture, c'est vers des études de santé sociale qu'elle se destine, une volonté influencée par son expérience personnelle.

Elle à d'ailleurs déjà publié un livre s'intitulant : " je ne t'écoute pas.." à ce sujet.

Table des matières

Attention certains poèmes peuvent heurter la sensibilité d'un public non avertis.

*«Je souhaiterai dédicacer ce recueil à toutes les âmes perdues
que ce monde a étreint.»*

Pensées

Je n'écris jamais de long roman, je préfère raconter des passages d'histoire que je trouve important d'analyser ou d'aborder ;
je préfère en général faire comme cela pour éviter de perdre le lecteur dans trop de description et de détails, car je suis d'accord que mon premier livre n'était pas très descriptif mais c'est parce que j'avais cette crainte d'être dans le " trop " je voulais essayer de viser le juste milieu, au final je pense que j'ai frôlé le "trop peu".

Pensées

Dans ce livre - ci je vous livre une partie de moi par mes poèmes
car ceux-ci ont constitués pour moi un exutoire depuis ma 4e.
Comme dans tout recueil il me semble inutile de préciser que cer-
tains sont inspirés d'émotions, d'événements ou des moments de
faiblesse et d'autres d' idées complètement farfelues sorties de
mon imaginaire.

Le Mur de la maladie

Sortir,
Cela s'avère plus dur que détruire un mur de brique,
Un mur incassable qui nous bloque le passage,
Ceux qui arrivent à le passer sont des héros,
Les héros de leur famille,
Ceux qui à l'inverse ne parviennent pas à le passer reste sur la
rive,
Et ne peuvent voir leur famille même dans les moments difficiles,
Ils finissent souvent par dépérir de fatigue,
La fatigue de leur bataille,
La bataille qu'ils ont menée jusqu'à ne plus pouvoir,
Pourtant ils ont essayés,
Ils ont fait tout ce qu'ils pouvaient,
Mais moi je me trouve entre les deux cas,
Je ne sors pas mais je ne rentre pas,
Je suis coincé dans le mur,
Pour sortir je devrais casser le bon côté,
Si je casse le mauvais je devrais recommencer,
Cela va prendre des semaines, des mois, voir des années,
Mais si il le faut je le ferai,
Je ne veux pas mourir en ayant perdu cette bataille,
Celle que j'ai commencée à mener il n'y a pas si longtemps,
Même si cela me paraît durer une éternité,
Je dois combattre les faits que je niais.

05/2021

Obsession

La mutilation,
C'est une obsession,
Ça fait mal mais ça soulage,
Quand on y est entré on se voit mal arrêté,
Votre vie est remplie d'instrument,
Ceux qui font mal,
Ça nous tue à petit feu,
On s'en rend compte mais on voudrait disparaître,
Ça ne dérange pas,
On est perdu
On ne sait plus,
Les mots qui sortent de notre bouche ne sont plus mais méliora-
tifs,
On perd notre optimisme,
Nos mots sont péjoratifs,
On s'en rend compte,
On ne dit rien,
Et on se laisse peu à peu devenir poussière

Début 2021

Exploser

Exploser,
Ce mot si fort qui en moi me cause un froid,
N'est pas là pour embêter,
Pourtant j'ai peur de craquer,
D'appuyer sur le bouton,
Et de me laisser submerger

06/2021

Course à la liberté

Enfermée dans une cage à ne pouvoir sortir,
Barreau après barreau je les observe qui m'entourent,
Ils me maintiennent dans mon cercle sans fin,
À ne plus pouvoir m'évader j'essaie sans résultats concret de re-
pousser mes limites,
Les barreaux sont durs comme de l'acier,
Ma force actuelle ne peut me permettre de les briser,
Je m'efforce de toute mon âme à garder ce petit espace restant de
liberté,
Celui qui part au passage des barreaux, qui se referme peu à peu,
Pour le garder je devrais me battre contre une partie de moi,
Celle qui voudrait que je me laisse dépérir au fil du temps,
Celle qui veut me priver d'un besoin qui est dit fondamental pour
l'homme,
Pour vivre…
Pour le moment je suis quand même assez raisonné,
J'arrive en effet à accepter le fait que je suis dite, malade,
Je sais donc que la partie de moi qui s'est imprégnée de la mala-
die m'est néfaste,
Mais cette partie m'est tellement envahissante que devant mon
devoir je cède,
Mes armes pour la combattre me sont volées,
Je dois me battre à main sauf qu'elle a des canons,
Voilà la difficulté que je dois et que je devrais encore endurer
pendant un petit bout de
temps

Le 04/05/2022

Confiance

La confiance,
Au fond c'est un apprentissage,
Il faut y croire pour que cela fonctionne,
La confiance en soi comme en les autres,
C'est une boule d'énergie qui quand on l'obtient ne nous échappe
plus jamais,
Quand on l'a on ne le remarque pas forcément tout de suite,
Les autres oui,
On s'aperçoit d'une force plus puissante,
Celle qui nous fait assumer, avancer,
On ne regarde plus en arrière mais devant,
C'est là qu'on comprend,
Au début ça fait peur,
On a la peur d'oublier le passé à force d'aller de l'avant,
Mais on apprend avec le temps,
On remarque qu'on n'oublie pas mais qu'on vit le présent,
Ce sentiment est une force,
Qui ne nous quitte plus,
S'ajoutant à notre personnalité,
Cela devient un de nos fondements

Le 27/06/2022

Sensation inventée

La peur,
Cela est une sensation,
Une sensation qui nous glace le sang,
Jusqu'à aller se loger dans notre estomac,
Nous créant en passant la boule au ventre,
Cette boule qui nous fait tant ressentir le stress,
Le stress causé par la peur,
Celle ressentie lors du passage de la chose dite affreuse,
Qu'on nous aura apprise,
Car la définition entre le bien et le mal,
La peur et la joie,
Ne sont fondés que sur notre esprit

Blocage

Quand on veut voir de la lumière,
Ou au moins une once d'espoir,
Le tunnel nous paraît long,
Trop profond pour qu'on y parvienne,
Croyant alors que nous n'y arriverons pas,
L'idée seule de pouvoir revivre un jour s'envole,
À la place d'avancer on commence à stagner,
Voir même à reculer,
Même si l'on sait qu'il ne faudrait pas,
L'idée même de ne pas progresser,
Nous met des œillères et des bouchons d'oreille

Le 17/09/2022

Manque

J'aime la pluie,
Mais entre 4 murs ça ne tombe plus,
Enfin si,
Mais je ne la ressens plus,
Et de ce fait je n'ai plus rien pour cacher ma tristesse,
Pour cacher mes peurs,
Pour cacher mes larmes,
Et ainsi les accompagner dans leur danse,
Leurs danse si parfaite,
Non défini le long de mes joues,
Cela me manque,
Mais quand je sortirai,
J'espère laisser tout cela dans le passé

Le 19/09/2022

Sentiment d'amour

L'amour,
Connaissons-nous vraiment ce terme ?
Ce terme si vague,
Si abstrait,
Qui sous nos yeux se dessine sur plusieurs formes,
Visible,
Ou pas,
Cela dépend,
En amitié ou en amour,
Impossible,
Certains,
Mais ce qui est sûr,
C'est que chaque être humain,
Vivant ou mort,
L'a au moins ressenti une fois dans sa vie

Le 25/09/2022

Sommeil

Il était allongé,
Les yeux fermés,
Il s'est élancé dans les bras de Morphée,
Les yeux fermés,
On voit presque ses rêves transparaître dessous ses paupières,
Les yeux fermés,
Il a l'air heureux,
Un petit sourire sur ses lèvres rosées,
Emmitouflé dans ses couettes,
Il a rejoint les bras de Morphée

Le 26/08/2023

Surcharge

Quand la vie ne se passe pas comme prévue,
On aimerait faire demi-tour,
Repasser l'impasse et la braver,
La réussir,
Mais la vie n'a pas de manette,
De pause,
Ou encore de marche arrière,
Il faut s'organiser,
Prendre sur nous,
Et ainsi en trouvant le temps on y arrive

Le 26/01/2023

La lumière

La lumière,
Pour une de mes premières fois je la vois,
Cette tâche blanchâtre qui scintille au fond de l'ombre,
Je l'atteins presque,
Je le sens,
Cela fait si longtemps que je veux juste au moins l'effleurer,
Mais c'est comme une onde électrique,
Quand je vais pour la passer,
Elle me renvoie loin derrière,
Sauf que cette fois-ci elle ne me renverra pas,
Je gagnerai,
Je me battrai,
Et j'arriverai à passer,
Je ne l'ai vu que trois fois auparavant,
Et à chaque fois elle m'a fait perdre un an,
Un an qui aurait pu être magique,
Donc cette fois elle ne gagnera pas,
Je me battrai,
Et cela va payer

26/01/2023

Là haut

Depuis qu'elle est partie,
Je la vois et l'entend encore me parler,
Je sens son doux parfum au-dessus de moi,
Ses yeux me regardent chaque instant,
Je dois la rendre fière,
La mort rend visible aux yeux des autres,
Mais elle n'empêche pas de penser,
Et après cette période, y a-t-il autre chose ?
Ai-je raison, ai-je tort ?
Je dois attendre pour le savoir,
Mais en ai-je envie ?
Ça c'est une autre histoire

02/2023

la vie

Dans le cercle que représente la vie,
Dans ce cercle si vaste,
On se voit toujours différemment,
Différemment des autres,
De la société,
On a toujours quelque chose à se reprocher,
Quelque chose à changer,
Un peu comme un pic,
Un pic qui nous ferait hurler de douleur,
On le change plus souvent pour les autres,
Mais il serait bien mieux de le changer pour nous,
Car la vie nous appartient,
Et celle-ci ne demande qu'à être vécue

Le 07/03/2023

quel reflet ?

Dans la glace,
Cette vitre censée nous refléter,
Nous dévoiler,
On se voit,
Enfin on croit se voir,
On se compare,
On pense,
Le miroir est complice de toutes nos peines,
De toute nos victoires,
De toutes nos déceptions,
Mais nous montre-t-il vraiment ?
Ne montre-t-il pas juste notre manteau ?
Cela est une bien vaste question,
Soyons fiers de notre personnalité,
Le physique n'est qu'une norme parmi tant d'autres

Le 08/03/2023

Cible

Je ne faisais que me balader,
Je n'avais rien demandé,
Les autres ont décidé pour moi,
Ils ont décidé de mon sort,
Tous les jours,
Tous les jours ils m'injuriaient,
Ils me lançaient leurs missiles,
"Conasse ! " " Pute ! " " Pétasse ! " disaient-ils !
J'étais laissé pour cible,
Je ne montrais rien car je ne pouvais pas flancher,
C'est au soir que je craquais,
Et j'ai fini par sombrer

Le 16/03/2023

Ce n'était qu'une coupure

Ce n'était qu'une coupure,
Sauf que je n'en voyais pas l'étendue,
Elle m'engouffrait dans une grotte,
Une grotte sombre et sale,
Une grotte qui aurait dû m'effrayer,
Mais qui est pourtant m'a attiré,
En frissonnant j'avançais toujours plus sur ce chemin,
Je ne savais pas pourquoi mais ça me faisait du bien,
Depuis la première cicatrice je l'ai multiplié,
Je sentais que ça m'aidait,
Ces pulsions qui guidaient mes mains armées,
Je n'en voyais pas la dangerosité

01/04/2023

Je me souviendrai toujours

Je me souviens,
Je pense à toi,
Je ne t'oublie pas,
Tu n'es pas parti,
Tu t'es envolé vers le ciel,
En faisant cela tu en as fait pleurer,
Mais tu t'es gravé dans nos mémoires,
Dans nos cœurs,
Nous n'oublierons jamais tes yeux,
Ta voix,
Ta bouche,
Et même tes cheveux,
On te portera chaque instant,
Et quoi que tu fasses pour t'effacer,
Tu resteras toujours présente

03/04/2023

Le pardon

Quand tu m'as défleurie je t'en ai voulu,
Je n'étais pas d'accord,
Tu m'as plaqué dos contre le lit,
Tu t'es obstiné,
Tu m'as fait pleurer pétrifier,
Je t'ai haï,
Mais aujourd'hui c'est fini,
Je ne te hais plus,
Tu as fait une erreur que je ne te pardonnerai pas,
Mais cela m'a rendue plus forte,
Plus courageuse,
Et pour cela je te remercie

Le 03/04/2023

Une balle de vie

Le cerveau en ébullition,
Les pensées s'entremêlant,
Je n'attends plus l'espoir,
Je vais pour l'attraper,
L'espoir est comme une balle,
Une balle qu'il faudrait attraper,
Saisir,
Une balle qui irait si vite qu'il serait presque impossible d'avoir,
Mais étant certaines qu'une partie des personnes voulant l'atteindre l'atteignent,
Je me lancerai à sa poursuite,
Et je n'arrêterai ma course effrénée que l'ayant attrapé

Le 24/06/2023

Tu me rappelle

Douleur délicieuse,
Tu t'abstiens souvent d'apparaître,
Mais quand tu es là je suis à mon apogée,
Tu combles le vide qui m'habite,
Tu occupes mon esprit torturé,
Pendant un instant tu me fais asile,
Tu me fais ressentir,
Tu m'indiques que je suis vivante,
C'est dans ces moments-là que je sais pourquoi je suis là

Le 4 mai 2023

La sociètè

Les sentiments,
Ils se baladent,
Je les ressens,
Je les enfouis sous un masque,
Je copie les gens,
La société qui se ment,
Seule la joie et la neutralité son présent,
La société classe les gens,
La superficialité atteint des sommets,
La raison étant que seuls les gens ne s'en conformant pas reste excluent,
75 % de la population se modélisant aurait même trop peur de les regarder,
Ils passeraient devant eux sans même oser dévier le regard,
Alors le contrôle du masque peut à partir de là avoir une logique,
Le regard des autres

Le 08/07/2023

Je rêve..

Je rêve d'un monde utopique
Un monde ou même chevaucher un pégase serait possible,
Les normes disparaîtraient,
Le ciel s'élargirait,

Je rêve d'alliance,
Ainsi que de compréhension,
Entre la race humaine,
Et ce peu importe le milieu social,

Je rêve d'acceptation,
D'acceptation de soi,
D'acceptation des autres,
Physique comme mentale,

Je rêve d'un monde utopique,
Je rêve de l'inatteignable

Le 11/07/2023

La fille à la robe brûlée

Sur les marches d'une église,
Une enfant,
Âgée tout au plus de 6 ou 7 ans,
Seule elle attend,

Le regard vide,
Elle a l'air terrorisée,
Ses jambes rapprochées contre son torse,
Elle attend,

Un homme s'approche,
Lui tend la main,
Elle l'a refuse,
Déviant le regard,

Son regard tombé sur le bas de sa robe,
Sa robe brûlée,
Sa robe mouillée,
Elle se mit à pleurer,

Une main se posa sur son épaule,
Elle leva la tête,
Et au lieu de monter dans la voiture de police,
Elle finit par prier

Le 11/07/2023

La mer

Elle émet un son moqueur,
Ses yeux sont trompeurs,
Son visage est dessiné par des plis,
Des plis intensifiant sont regard,
Son regard vide,
Son regard bleu,
Ces mouvements sont discrets,
On ne la voit jamais se déplacer,
Pourtant elle avance,
Elle se rapproche,
Quand elle nous prend dans ses bras et qu'on a froid,
Elle nous enlace un peu plus et cette sensation disparaît,
Si l'on est triste et que nos yeux commencent à pleurer,
Elle vient pour les faire s'arrêter,
Elle est comme une mère,
Portant la même nomination,
Elle se nomme la mer

Le 25/07/2023

Le vent

Son souffle est un long bruit prolongé,
Il diffère souvent,
Selon son humeur,
Selon son environnement,
Il peut changer de tempérament rapidement,
Agressif ou calme,
Tout dépend,
On ne le voit pas,
On le devine,
Il fait chanter les oiseaux,
Dirige les poissons,
Bouge les végétations,
Il peut donner des claques,
Comme il peut nous faire des caresses,
On l'appelle,
Le vent

Le 16/08/2023

SMS

Dans le noir obscur,
Une faible lumière éclaire son visage,
Elle est recroquevillée sur son lit,
Les genoux remontés à sa poitrine,
La tête baissée,
Juste assez pour distinguer les taches de mascara sur sa taie
d'oreiller,
Les yeux fermés à présent,
Elle a dû bien pleurer,
Son sommeil est rythmé par le son de ses notifications,
Faisant battre son cœur à leur rythme,
Elle a voulu échapper aux critiques en s'endormant,
Mais elles l'ont poursuivi jusque là

Le 21/08/2023

La fille

Des larmes salées,
Des larmes mouillées,
La poitrine serrée,
Le cœur abîmé,
Cette fille,
Cette fille allongée sur le sable,
Cette fille a dû trop souvent les voir,
Elle n'est ni en train de bronzer,
Ni en train de lire ou de regarder le ciel,
Les yeux fermés,
Comme si elle dormait depuis une éternité,
Sa peau,
Sa peau est blanche comme son t-shirt sans manche,
Un petit sourire apparaît sur son visage,
Son visage tourné vers son bras,
Son bras enfoui sous le sable chaud,
Ce sable laissant apparaître une tache rouge,
Une tache rougeâtre,
Une tâche qui si elle n'était pas rouge,
Ressemblerait à la mer,
De sa forme et de ses ondulations,
Dans sa main droite,
Une lame,
Une lame menaçante,
Une lame sanglante,
Tachant son t-shirt blanc,
Ses lèvres sont bleues,
Ses doigts aussi,
Mais elle a l'air calme,
En paix, libre,

La vie l'a trop fait souffrir,
Elle est partie

Le 10/08/2023

Juste oublié

Cette nuit,
Cette nuit elle pleure,
Agenouillée les genoux serrés,
Des larmes coulent sur son visage apeuré,
Elle s'enfuit dans ses pensées,
Comme pour s'envoler,
S'envoler pour de vrai,
S'envoler pour laisser ses problèmes s'échapper,
Sa main moite retient une lame,
Une lame menaçante une lame sanglante,
Voulant oublier sa peine,
Elle continue d'appuyer ses traits,
Elle repense au garçon qui lui a fait pécher,
Elle ressasse et repasse en boucle l'événement de sa vie,
L'événement qu'elle n'oubliera plus et qu'elle veut effacer,
Alors elle continue,
Elle continue en déchargeant sa haine sur son poignet déjà bien
amoché,
Elle ne se sent plus,
Mais cette sensation la rend libre,
Et l'euphorie de ce moment est tellement intense,
Qu'elle finit par se laisser éteindre,
Même si dans ce silence,
C'est elle qu'on n'oubliera plus,
Car ces problèmes étaient éphémères,
Et sont partis en même temps qu'elle

Le 12/12/2023

Je ne t'ai pas vu venir

Je ne t'ai pas vu venir,
Endormi partie très loin,
Je ne t'ai pas vu venir,
Tu étais assis un matin,
Avec la seule activité de tes doigts qui s'animer sur ton portable,
Je ne sais pas ce que tu faisais,
Ou si tu l'avais prémédité,
Mais tu ne m'as rien demandé,
Tu m'as juste imposé,
Tu m'as imposé ton geste par la seule présence de ton corps,
Ton corps qui tout à coup me saisit,
Je ne comprenais pas,
Quand je vins à ouvrir les yeux,
Je ne comprenais pas,
Tu étais au-dessus de moi,
Tu me maintenais,
Je ne pouvais bouger,
Même ma bouche était frigorifiée,
Quand je m'étais endormie,
Je ne pensais pas en me levant avoir le besoin de crier

Le 14/12/2023

Avancer

Avancer,
Avancer pour pouvoir guérir,
Guérir de cette prison qui m'enivre,
Cette prison qui peu à peu me détruit,
Je me conforte à l'intérieur comme pour me rassurer,
Cela fait tellement longtemps,
Tellement longtemps que je ne sais même plus la raison pour laquelle j'y suis entrée,
La raison pour laquelle j'y reste,
La raison pour laquelle j'ai peur,
La raison pour laquelle je suis ici aujourd'hui,
La raison pour laquelle je suis arrivée là,
Je ne sais plus rien,
Je ne veux plus rien,
Je veux juste essayer,
Essayer de m'en sortir,
Et aller de l'avant

Le 13/12/2023

Avancer (2)

Avancer,
Avancer pour ne pas reculer,
Avancer pour avancer,
Avancer pour essayer,
Essayer d'aller mieux,
Essayer d'atteindre nos objectifs,
Nos rêves,
Nos envies,
Avancer pour ne plus avoir peur,
Pour ne pas stagner,
Pour juste dire d'aller de l'avant,
De combattre nos démons actuels et de les laisser derrière,
Jusqu'à ne plus s'en soucier,
Non pas les oubliés,
Mais juste s'en rappeler, ne pas rester bloqué, et les laisser passer

Le 13/12/2023

54

Tu..

Tu m'as fait me sentir coupable,
Tu m'as fait perdre mon âme,
Tu m'as fait connaître la peur,
Tu as développé ma méfiance,
Tu m'as amené à rechuter,
Mais tu as surtout gravé ton acte dans ma mémoire,
Ma mémoire à présent si pleine,
Si pleine qu'elle voudrait pouvoir oublier,
Ou au moins s'en détacher,
Mais qui à présent ne cherche qu'à te disculper

Le 13/12/2023

Elle marchait

Elle marchait dans une rue,
Puis dans une autre,
Partie sans savoir où aller,
Son esprit embrumé par de sombres pensées,
Elle avait laissé une lettre sur la table,
Mais qui s'en soucierait,
Tout ce qu'elle voulait était de s'envoler,
S'envoler là où personne ne la suivrait,
S'envoler pour de vrai,
Elle voulait retrouver sa grand-mère,
Elle qui la comprenait tant,
Elle s'arrêta dans une rue,
Se mettant de profil regardant vers le bas,
Elle se trouvait sur un pont,
Ses mains froides étaient fermement agrippées aux barreaux,
En bas la circulation était active,
Il ne la verrait pas si elle sautait,
Et puis ça leur serait égal,
Une vie de plus ou de moins ce n'était pas le problème,
Elle ne manquerait à personne,
Et puis ses problèmes partiraient en même temps que son âme,
Ce serait court et efficace,
Enfin c'est ce qu'elle pensait,
Elle escalada la barrière,
L'a tenue en instant,
Et puis sans penser elle se lâcha

Le 11/09/2023

Ephémère

Les traits dessinés,
Dessinés sur ses bras blancs,
En rouge les a-t-elle tracés
Elle ne voulait pas s'envoler,
Elle voulait juste faire une pause,
Ou tout du moins arrêter de penser,
Les larmes roulant à présent le long de ses joues,
Elle se laisse prendre par la culpabilité,
Celle qui la ronge tel un repas de roi,
Elle se demande à présent comment les enlever,
Mais son œuvre est faite,
Ses pensées s'étaient estompées,
À présent elles se sont dupliquées

Le 21/09/2023

Acceptation

Des caresses dans ses cheveux,
Une main appuyée sur le lit,
Une autre descendant le long de son corps,
Il lui fait ce qu'elle aimait,
Il le lui fait pour la dernière fois,
Jadis tendre il s'active de plus en plus,
Les larmes lui ruissellent le long de ses joues,
Sur son corps meurtri il lui fait pour la dernière fois,
Elle est allongée les yeux fermés elle n'a pas bougé,
Elle est en paix,
Elle a pris son envol il y a peu de temps,
Ne voulant pas la laisser partir il la maintient,
Il la maintient avec lui,
Mais cette fois son consentement n'est pas requis

Le 21/09/2023

Partie

Le sac sur une épaule,
Marchand lentement dans le froid de l'hiver,
Elle marche sans savoir où allait depuis une éternité,
À la fin de ses cours elle a juste marché,
Se perdant dans les rues,
Suivant les plus grandes comme les plus discrètes,
Elle n'est pas rentrée,
Elle ne veut pas rentrer,
Chez elle n'est plus son foyer mais la demeure de sa peine,
Son père ne se contrôle plus et déverse sur sa mère sa colère et sa haine,
Il crie sans arrêt,
Le dialogue n'est plus de leur monde,
Le langage est physique,
Sa mère pleure,
Son père crie et les inondes de coups,
À présent elle ne rêve plus que de s'envoler

Le 22/09/2023

59

Comme une proie

Les genoux remontés contre son torse,
Les mains plaquées sur les oreilles,
Elle l'entend encore l'injurier,
Le sol est froid,
Mais cela ne la dérange pas,
Elle attend juste de pouvoir bouger,
De pouvoir s'échapper,
Assise face à lui se tenant debout elle se sent comme une proie,
Une proie facile,
Une proie fébrile,
Les yeux fermés elle s'imagine une vie meilleure,
Une vie dans laquelle tout lui serait plus simple,
Plus facile,
Plus atteignable,
En attendant elle le laisse se défouler,
De toute façon à quoi sert de résister ?
Elle finira quand même par s'effondrer

Le 16/11/2023

Elle parle

Elle ne cesse plus de parler,
Elle voudrait pouvoir contrôler,
Contrôler son fil de pensées,
Celui qu'elle voudrait oublier,
Alors elle parle,
Elle ne s'arrête plus de déferler tout ce qui lui traverse l'esprit,
Visant à se changer les idées elle devient de plus en plus active,
Active au point de faire croire qu'elle est fatiguée,
Active au point de faire croire qu'elle est bourrée,
Le monde l'a tellement fatiguée,
Elle voudrait juste s'envoler

Le 08/03/2024

Emotion

Les émotions,
Les émotions sont comme des petites pâquerettes,
Un jour elles fleurissent,
Un jour elles fanent,
Il y en a des grandes et des petites,
Il faut juste savoir là où les planter,
Les émotions,
Sont comme des cartes à jouer,
Il faut apprendre la technique pour savoir l'appliquer,
Les émotions ne sont pas incontrôlables,
Elles sont juste compliquées à maîtriser

Le 08/03/2024

Nature

Sous le pommier abrité par le feuillage j'entendais les oiseaux,
J'étais assez loin pour ne pas entendre d'autres bruits,
Je n'entendais plus que leur mélodie accompagné par le vent,
Le vent tapant contre ma tempe et faisant valser mes cheveux,
Mais cheveux désormais acrobates,
Qui au-dessus de ma tête s'élevaient,
Me créant comme une caresse faite pour me faire frissonner,
L'herbe fraîche est humide de part la rosée du matin me donnant
une sensation
revigorante,
La fraîcheur de celle-ci me transportait de part et d'autre dans mes
pensées,
Mes pensées qui dans ce paysage me semblaient claires comme le
cours d'eau devant
moi

Le 21/03/2024

Le petit garçon au pieds gelé

Les passants ouvrant leur ombrelle,
N'ont pas froid sous leur longue cape.
Ils avancent vite,
Sans donner un regard vers lui.
Son futal mouillé baigné d'eau,
Le regard vide,
Les passants l'évitent en tout point.
Ses habits comme des hayons,
Il sent ses pieds,
Ses pieds sous la neige glacée.
Assit sur un bout de carton,
Imbibé d'eau,
Il grelotte trempé jusqu'aux os.
Le regard des gens ne l'atteint plus.
Son cœur éteint,
Lui donne une allure de glace,
Comme si tout lui était égal.
Recroquevillé,
Le petit bout ne pleure plus,
Il patiente abondamment.
Funambule,
Il jongle entre nos deux mondes.
Aujourd'hui il souhaite juste une chose. Inatteignable,
Sait-il mais la voudrait possible.
En position fœtale il rêve,
Sous la neige.
Il rêve d'une femme imaginaire,
Une femme qu'il n'aura jamais vu.
Imaginant,
Il la voudrait tout près de lui.

64

Les yeux clos il croit s'endormir,
Il croit rêver.
Comme subjugué par une chaleur,
Les anges le transportent dans leur danse,
Loin tout là-haut.

La pression

La pression,
Cela ressemble un peu trop à un chaudron,
Un chaudron qui serait en ébullition,
Qui prendrait toute la place,
Ne laissant pas de place à autre chose,
Il désagrégerait le papier brûlerait la peau,
Et dans cet incident où on se laisse submerger,
On oublierait tout

Le 08/03/2024

Douce violences

Douce violence,
Quand le noir s'abat sur moi tu surgis,
Tu m'attaques,
Tu te mets à réaliser tes actes,
Tu me fais mal,
Pourtant je sens une forme d'euphorie,
Tu m'aides à me sentir,
À me sentir vivante,
Sentir que je ne suis pas morte,
Si la nuit pouvait arriver plus vite,
À tes côtés je me sentirai peut-être mieux

Le 05/04/2023

Echappatoire

On a tous une échappatoire,
Une porte de sortie,
Une porte nous permettant de mettre la vie en pause,
De nous focaliser sur une discipline,
De ne penser à rien d'autre,
De nous échapper,
Cela permet d'aller à son rythme,
Et de se comprendre

Le 23/04/2023

La vie (2)

La vie avance,
La vie découle,
Elle déploie ses événements,
Elle les déploie comme des petits pains qu'on viendrait de sortir,
De sortir du four encore chaud,
La vie est une course,
Elle n'attend pas,
Son cours est à prendre à chaud,
Ceux qui la suivent de loin la voient juste passer,
Mais son apprentissage ne se fait pas de loin,
Il se fait dedans,
À chaud,
Car la vie ne s'arrête jamais,
Elle s'achève en même temps que la pensée

Je t'attendrai

Quand je pense à toi,
Le chagrin m'inonde,
Ma peine est au comble,
L'amour s'en est allé,
Quand tu m'as délaissé,
J'aurais pu faire l'impossible pour toi,
Mais mon amour,
Tu as qualifié d'impur,
D'hors normes,
Peut-être de peur,
Peut-être pas,
Mais je te connais,
Je t'attendrai

Le 25/07/2023

La vie (3)

La vie,
Composée de piques et de roses,
M'a servie,
Et comme une mère qui forcerait son enfant à finir son assiette,
J'ai du tout vivre,
Morceau par morceau,
Les pics me déchiraient la gorge,
Ils étaient nombreux,
Les roses étaient meilleures,
Elles guérissaient mes blessures,
Elles soignaient ce qui était abîmé,
Elles me faisaient me sentir bien,
Se sont-elles qui me donnaient la force d'affronter les pics,
Mais s'il n'y avait pas de pics,
S'il n'y avait que des roses,
La vie serait monotone,
Sans intérêt,
Sans but défini,
Et c'est là qu'on voit toute la beauté de la complexité de la vie

Le 25/07/2023

Souvenir destructeur

Sa main froide et calleuse,
Sa voix douce et criarde,
Ses yeux bleus océans,
Me le rappelle sans cesse,
Je le reconnais chez chaque homme,
Je ne trouve pas un homme qui n'est pas une de ses caractéristiques,
Jeunes ou âgés tous ont un point commun,
Je ne me balade plus que la boule au ventre,
Je longe chaque ruelle dans la crainte,
Avant pourtant sociable,
Je suis maintenant inatteignable,
Un exil que je me suis donnée,
Même mes proches ne me voient plus,
Je ne sors que très peu,
Je préfère la solitude,
Elle me rassure,
Elle m'enferme à l'intérieur,
Quand j'arriverai à dormir,
Peut-être recommencerai-je à sortir

Le 26/08/2023

Crise d'angoisse

Elle avait déguerpit,
Le plus vite possible elle était partie,
Assise sur la cuvette,
La tête entre les mains,
Le souffle court,
Le cerveau embrumé par ses pensées,
Ses pensées qui tellement il y en avait n'en était plus,
Son ventre était crispé par son stress,
Ses mains froides devenaient moites,
Son visage rougit,
Rougit par ses yeux qui versaient quelques larmes,
Sa jambe tremblante comme si elle n'avait pas bougée depuis des siècles,
Tout cela était signal d'alarme,
Même si elle se cachait,
Même si elle n'en parlait pas,
Ils auraient dû le voir…
Ils auraient dû s'en apercevoir

Le 25/08/2023

Sombrer

Les yeux dans le vide,
Ses jambes tremblantes,
Résonnant jusque sous le sol,
Ses joues rougissent,
Rougies par quelques larmes roulantes,
Roulantes le long de ses traits,
Ces mains se triturant,
N'arrêtant plus de se griffer,
Assise par terre,
Recroquevillé dans un coin,
Attendant la sonnerie,
Attendant de reprendre ses esprits,
Son cerveau lui crée des pêle-mêle,
Des pêle-mêle tellement destructeurs que ça ne fait que renforcer
ses idées,
Ces idées faussées,
Sur le fait qu'il faudrait tout arrêter,
Que c'est la seule solution,
La seule qui ne la ferait pas souffrir,
Elle pense le bonheur inatteignable,
Un astre bien trop lumineux pour vouloir l'aider,
Alors elle préfère s'enfoncer,
Au lieu de se relever,
Car il est plus facile de faire demi-tour que d'avancer

Un nouveau départ

Dans le silence lourd des cartons empilés,
Une adolescente pleure ses rêves égarés.
La maison se vide, emportant les souvenirs,
D'un monde déchiré, où l'espoir est en déclin.

Le déménagement est un adieu brutal,
À une vie familière devenue si pâle.
Avec sa mère, elle part vers des lieux inconnus,
Un territoire étrange où tout semble confus.

Son père, autrefois ancrage et réconfort,
S'éloigne désormais, son visage se dérobe.
Les paroles de haine, les silences glacés,
Creusent un fossé entre cœurs désemparés.

Le signalement a changé la donne,
Une enquête à venir, l'ombre d'un pardon.
Le tribunal des familles juge les liens,
Tandis que les rêves se brisent en éclats vains.

Les lettres ne viendront pas, ni les appels tardifs,
Le père s'éloigne, dans un monde trop vif.
Les regrets se mêlent aux peurs d'un avenir,
L'adolescente se sent seule, perdue, à l'exil.

La nouvelle maison est un champ d'incertitude,
Où chaque pièce semble pleine de solitude.
Mais malgré l'absence, malgré la douleur,
Elle cherche en elle une lueur, une couleur.

L'espoir réside dans la promesse des jours,
Où les blessures cicatrisent, où naît un nouveau parcours.
Dans les pages blanches d'un futur encore flou,
Elle trouvera peut-être une force, un élan nouveau

Le dernier voyage

Les cartons s'entassent, le ciel est d'acier,
L'adolescente observe, le cœur égaré.
La maison d'enfance, sanctuaire de ses rêves,
Se vide de ses échos, des notes qu'elle aimait.

La mère, silencieuse, s'affaire pour partir,
Un horizon nouveau, un futur à bâtir.
Mais pour la fille, tout est juste un grand vide,
Un chemin tracé sans repères, sans guide.

Le père, absent, son ombre s'éloigne,
Laisse des questions flottantes dans la brume qu'il soigne.
Les mots non-dits et les larmes étouffées,
S'entrelacent dans le chaos des vérités.

Les souvenirs deviennent ombres du passé,
Les mesures de départ, un monde à tracer.
L'adolescente se débat avec la douleur,
La séparation, un poids, une déchirure au cœur.

La maison nouvelle, territoire étrange,
Ne porte pas encore les marques de ses jeux et échanges.
Les murs de ce lieu sont froids et vierges,
Ils ignorent ses secrets, ses espoirs en émergence.

Chaque pièce est mystère, chaque recoin, énigme,
L'enfant se perd dans ce monde sans signes.
Son père, comme une étoile éteinte dans la nuit,
Laisse une empreinte froide, un ciel sans bruit.

Les rêves d'avant se fondent dans la brume,
L'adolescente se perd, perdue dans l'ultime.
La maison d'enfance n'est plus qu'un lointain,
Un souvenir évanescent dans un avenir incertain.

A mamie, mon étoile

Mamie, douce étoile dans la nuit de mon cœur,
Avec ta phobie sociale, tu affrontes tes peurs.
Cette année, au théâtre, j'ai joué un monologue,
Un rêve de scène où j'ai mis toute mon âme en dialogue.

Pourtant, la vraie héroïne était là, en silence,
Courageuse et belle, face à l'inconnu, sans défense.
Tu es venue, malgré l'angoisse et les doutes,
Pour voir ma performance, ton amour en route.

Je suis tellement fière de toi, mamie chérie,
Ta présence a illuminé ce soir magique, infinie.
En chaque mot prononcé, en chaque geste fait,
Il y avait un morceau de nous, un lien parfait.

Ton soutien m'a donné des ailes pour briller,
Tu as surmonté tes peurs, m'offrant ce que je désirais.
Je t'aime de tout mon cœur, tu es mon trésor,
À chaque instant passé avec toi, je me sens plus forte.

Le jour des résultats

Aujourd'hui, les résultats sont tombés,
Un 19 et un 14, j'ai dépassé mes espérances.
Avec maman et mon petit frère à mes côtés,
Nous fêtons dans un resto chinois, plein d'élan et de danse.

L'effervescence monte, la joie dans chaque plat,
Mais une étrange sensation s'éveille en moi.
Je le vois, ce serveur, fils des gérants,
Un visage familier, un lien inattendu pourtant.

L'année dernière, à l'anniversaire de ma meilleure amie,
Il était là, discret, dans un coin, mais j'avais remarqué.
Aujourd'hui, le courage m'envahit, je veux lui parler,
Je lui demande son numéro, ce geste que j'appréhende tant.

Il regarde, intrigué, "Pourquoi veux-tu mon numéro ?"
Son regard se pose sur moi, presque curieux.
Je bafouille, hésitante, mais sincère dans ma demande,
"J'aimerais juste qu'on devienne amis, car tu m'as marquée."

Le stress se mêle à l'excitation, mon cœur s'emballe,
Mais ses yeux se font doux, son sourire, une étoile.
Il accepte, et une promesse silencieuse se tisse,
Un lien naissant dans l'univers de nos vies, plein de malice.

Ce soir, la victoire est douce, mais le véritable prix,
Est cette étrange aventure, cette connexion qui me ravit.
Je rentre avec des rêves et un numéro en poche,
L'amour ou l'amitié, le mystère se broche.

Je souris à la vie, à ce jour au parfum d'avenir,
Avec l'espoir de voir nos chemins encore se croiser,
À travers les résultats et les découvertes inattendues,
Je découvre le plaisir d'oser, de vivre et d'aimer

L'incertitude du changement

Changer de psychiatre, c'est comme quitter un lieu,
Où j'ai appris à parler, à ouvrir mon cœur.
Les séances passées, les échanges précieux,
Ont forgés une confiance, un monde sans peur.

Je redoute l'inconnu, ce nouveau visage,
Une main étrangère, un regard incertain.
L'angoisse du départ, des mots encore en cage,
Se mêle aux souvenirs, aux doutes du chemin.

Le changement me paralyse, l'inconnu me fait peur,
Comme un nouveau chemin où je pourrais me perdre.
Les habitudes, les repères, me semblent essentiels,
Face à l'incertitude, je crains de tout défaire.

Pourtant, au-delà de cette peur dévorante,
Peut-être qu'un nouveau lien apportera apaisement.
Changer peut ouvrir des portes encore fermées,
Un futur plus serein, une chance à embrasser.

Mes pantoufles à mes pieds

Lorsque le monde extérieur s'éteint et se tait,
Je glisse mes pieds dans mes pantoufles dorées.
Chaleur et douceur envahissent chaque pas,
Un réconfort simple, un refuge plein d'émoi.

Leurs couleurs apaisantes, comme des éclats de ciel,
Calment les tempêtes de mes jours tumultueux.
Chaque pas devient léger, chaque mouvement rit,
Dans cette étreinte douce, le stress se fond, serein.

Dans la maison, je déambule, le cœur apaisé,
Les soucis du monde se dissipent, comme des brumes.
Mes pantoufles, compagnes fidèles, m'offrent la clarté,
Un havre de paix, loin des troubles et des brumes.

Ainsi, avec mes pantoufles à mes pieds, je trouve
Le calme et la chaleur, un monde où je m'éprouve.

Nuit de libération

Je devais jouer Juliette, c'était mon rêve,
Mais le destin en a décidé autrement, sans trêve.
À la place des scènes et des rires de théâtre,
Je voyais une autre briller, moi, je n'étais qu'une ombre.

Depuis novembre, la vie a pris un tour étrange,
Les changements et le signalement, tout est devenu un échange.
Ma chambre vidée, mes livres enlevés,
Le théâtre est devenu mon seul lieu pour respirer.

J'avais un monologue, un petit espoir,
Mais quand la comédie musicale est arrivée, c'est devenu noir.
J'étais une figurante, sans répliques, sans voix,
À la fête de fin, je suis restée, faisant le choix.

Je me suis servie une coupe de champagne,
Pour oublier la peine, pour noyer ce chagrin.
C'était la première fois, j'ai pris une demi-tasse,
Le liquide doré, une échappée de grâce.

Je dansais, je tournais, comme une plume légère,
Chaque pas en avant chassait mes prières.
La liberté était là, je me sentais enfin moi,
Le stress s'évanouissait, laissant place à la joie.

À une heure trente, la nuit est devenue sombre,
Je suis rentrée en silence, le cœur plein de nombres.
Mes parents dormaient, je rentrais en douce,
Espérant que le matin ne dévoilerait pas ma ruse.

La liberté en moi, c'était mon moment d'évasion,
Je dansais avec les ombres, en pleine explosion.
Une nuit pour oublier, avant que tout ne revienne,
Et que la réalité me rappelle sa rengaine.

Depuis mon toit

Assise devant la fenêtre, je trouve mon havre,
Le toit est mon sanctuaire, mon lieu de paix,
Je contemple le monde, où mon esprit se lave,
Là, je puise des forces, dans le calme du coucher.

Le panorama s'étend, vaste et accueillant,
Les toits et les arbres dansent avec le vent,
Les rues se dessinent, chemins sinueux et apaisants,
Chaque regard porté me redonne du contentement.

Les nuages se déplacent, légers comme des rêves,
Le ciel changeant m'offre un spectacle bienfaisant,
Ici, je me sens libre, mes pensées en relief,
Dans cette vue infinie, je trouve un réconfort apaisant.

À la tombée de la nuit, les étoiles se dévoilent,
Le crépuscule m'enveloppe, doux comme une caresse,
Depuis ce toit, je me ressource, loin du tumulte et des drames,
Je laisse mon âme se régénérer dans cette belle paresse.

A l'épreuve du feu

Je cours à toute vitesse, l'esprit en feu,
Les journées se mélangent en un tourbillon anxieux.
Les heures se dérobent, comme des ombres fuyantes,
Et moi, je suis perdue, épuisée, vacillante.

Les voix de mes amis murmurent des avertissements,
Ils disent que je brûle, que je suis en défaillance.
Mais je ferme les oreilles, mon rythme est effréné,
Je m'accroche à mes rêves, à mon espoir dissimulé.

Je jongle avec les tâches, les devoirs, les attentes,
Mon cœur bat à mille à l'heure, une mélodie distante.
Les nuits blanches, les journées pleines de stress,
Me conduisent au bord du gouffre, du malaise.

Les conseils sont des échos que je laisse s'éteindre,
Trop absorbée par ma course, je n'ai pas le temps de comprendre.
Je suis une tempête, une âme en tourment,
Cherchant l'équilibre dans cette vie déconcertante.

Les signes sont là, je les vois en miroir,
Mais je persiste, mon esprit reste à croire.
Le surmenage m'entraîne, me pousse à l'extrême,
Je me perds dans ce rythme, oubliant même mes rêves.

Peut-être qu'un jour je m'arrêterai, je respirerai,
Trouverai un chemin, loin de ce tourbillon effrayé.
Mais pour l'instant, je suis en pleine course,
Une adolescente perdue, cherchant son élan, sa source.

A l'aube de l'incertitude

Je suis là, au lycée, à l'orée des choix,
L'avenir devant moi, un vaste et flou territoire.
Les jours se succèdent, les rêves se dessinent,
Mais l'incertitude plane, comme une ombre divine.

Je scrute l'horizon, cherchant un chemin clair,
Les métiers défilent, comme des étoiles dans l'air.
Des rêves de grandir, de choisir ma voie,
Mais chaque possibilité semble me mener ailleurs.

Les conseils affluents, les voix se mélangent,
Des avis divergents, des chemins en échange.
Je veux être sûre, choisir avec certitude,
Mais l'incertitude persiste, dans une brume d'attitude.

L'avenir est un livre, dont les pages sont blanches,
Chaque décision est une encre, une chance.
Je me perds dans les questions, les « et si » infinis,
Cherchant une direction, parmi les chemins réunis.

Le temps passe, les heures défilent en rêve,
Je m'imagine parfois, où cette route m'élève.
Mais pour l'instant, je suis ici, à hésiter,
Une lycéenne de 17 ans, au bord de l'éternité.

Je choisis de rêver, de laisser l'avenir se révéler,
Même dans l'incertitude, je trouve la clarté.
Pour l'instant, je suis en quête, en pleine exploration,
D'un futur encore flou, mais remplit d'inspirations

Être moi

Je marche dans la lumière, le cœur en vérité,
Cherchant mon reflet dans les miroirs de la réalité.
Être moi, c'est un voyage, une quête d'authenticité,
Un chemin parsemé de doutes, mais aussi de clarté.

Les voix du monde murmure, les attentes se dessinent,
Mais je choisis d'écouter la voix qui m'illumine.
Je laisse tomber les masques, les rôles imposés,
Et découvre, dans la brume, ce que je suis réellement.

Les jours passent, les chemins se croisent,
Mais dans mon cœur, je trouve ma propre église.
Être moi, c'est embrasser mes failles, mes forces,
Accepter chaque nuance, chaque différence, chaque écorce.

Les regards changent, les jugements s'effacent,
Lorsque je me tiens debout, face aux vents et aux passes.
Je suis le phare dans la nuit, la voix qui résonne,
D'un être authentique, d'une âme qui s'étonne.

Être moi, c'est danser avec mes ombres, mes lumières,
Célébrer chaque instant, chaque rêve, chaque prière.
Dans cette vérité personnelle, je trouve ma voie,
Être moi, c'est un acte de courage, un chemin de joie.

Entre trop et pas assez

Je marche sur un fil, l'équilibre est fragile,
La peur me guette, dans ce monde si difficile.
Trop ou pas assez, c'est un dilemme cruel,
Un miroir de doutes, un reflet presque irréel.

Être trop intense, trop vive, trop bruyante,
C'est effrayer les autres, être une ombre dérangeante.
Je crains d'être un poids qui alourdit le léger,
Un éclat trop vif, un feu trop éclairé.

Mais d'un autre côté, être pas assez,
C'est se fondre dans l'ombre, jamais vraiment briller.
Je crains de m'effacer, de devenir invisible,
Un fantôme sans couleur, une présence infaillible.

La balance oscille entre excès et manque,
Je cherche ma place, mon chemin dans ce décalque.
Être moi-même, ni trop, ni pas assez,
C'est une quête complexe, un désir d'équilibrer.

Je voudrais être entière, sans mesure ni frein,
Trouver mon propre rythme, dans ce monde serein.
Entre trop et pas assez, je cherche la clarté,
Un espace où je suis juste, une douce vérité.

Dans ce tourbillon de peurs, je choisis de briller,
D'être sincère, d'embrasser ma réalité.
Je suis ni trop, ni pas assez, juste moi,
Une femme en quête, dans la lumière de ma voix.

L'Anglais et le futur

Assise en classe, l'esprit tourné vers demain,
Mon amie devient prof, un futur qui s'éloigne.
L'an prochain sur scène, elle me guidera,
Mais pour l'heure, l'anglais me semble un labyrinthe sans fin.

Les mots se mélangent, les lettres se perdent,
Malgré les efforts, mon esprit se dérobe.
Je veux progresser, obtenir de meilleures notes,
Pour que l'année prochaine, mes contrôles soient sans fautes.

Les pensées me distraient, les phrases se tordent,
L'anglais devient une épreuve, une mer qui m'englobe.
Mais je garde en tête l'avenir que je rêve,
Un métier dans la santé, où je pourrai me lever.

Chaque difficulté est un pas vers mon but,
Une étape pour m'améliorer, pour franchir le seuil.
Je veux me préparer, être prête pour le bac,
Pour que chaque difficulté me semble moins opaque.

Je sais que mon amie sera là pour me soutenir,
Mais je m'accroche, cherchant la clarté pour réussir.
Chaque effort d'aujourd'hui, chaque leçon prise à cœur,
Est une pierre vers mon avenir, une victoire à l'heure.

L'an prochain, le théâtre me dévoilera ses merveilles,
Mais aujourd'hui, je m'investis, je persévère sans sommeil.
Pour que l'anglais, malgré ses défis, devienne un atout,
Et que mon futur dans la santé soit fait de succès et de tout.

Un nouveau départ

Je suis là, en quête d'un nouvel équilibre,
Décidant que les amis ne seront plus mes sésames,
Quand la tempête intérieure se fait trop visible,
Je ne veux plus les entraîner dans mes drames.

Ne plus appeler à chaque fois que ça ne va pas,
Ne pas les charger de mes peines et de mes poids,
Je choisis d'attendre, de les préserver,
Des moments de rire, des échanges à partager.

Je veux qu'ils gardent la lumière dans leurs yeux,
Que nos rencontres soient un élan joyeux,
Où les soucis sont laissés de côté,
Et que nos instants ensemble soient remplis de gaieté.

Je prends le temps d'attendre, de respirer,
D'aller voir un psy pour mes pensées contrariées.
Je laisserai les émotions s'apaiser,
Avant d'envoyer mes amis à mon monde tourmenté.

À partir de maintenant, je choisis l'équilibre,
Des conversations légères, des moments à vivre,
Je garde le cœur ouvert, pour rire et partager,
Mais j'attends le bon moment pour mes peurs déballées.

Les amis resteront des sources de joie et de rire,
Des havres de paix, loin des ombres à fuir,
Je me réserve le droit de guérir en silence,
Avant de les appeler, je laisse passer l'urgence.

Sous le plafond des chagrins

Sous le plafond blanc, je reste là, figée,
Les jours se fondent, le temps est brisé.
Un monde en tourment, une vie qui chavire,
Changements brusques, douleurs qui m'enlacent, m'inspirent.

Le deuil m'a frappée, un vide immense et cruel,
Un écho de souvenirs, un chagrin personnel.
Le déménagement approche, une nouvelle maison,
Mais le divorce imminent efface ma raison.

Le père que je perds, un lien désormais coupé,
Une absence forcée, un avenir bouleversé.
Je suis là, allongée, perdue dans l'immobilité,
À regarder le plafond, la vie qui se dérobe, éparpillée.

Les murs de ma chambre sont témoins de ma douleur,
Le plafond est mon ciel, le refuge de mon cœur.
Je cherche des réponses dans les fissures blanches,
Un répit dans ce chaos, où je me sens étrange.

Les journées passent lentement, les heures sont des ombres,
Chaque instant est une épreuve, un poids qui encombre.
Je reste là, le regard fixé vers le vide,
Espérant qu'un jour, ce tourbillon se vide.

Dans cette immobilité, je rêve d'un demain,
Où la douleur s'évanouit, où la lumière revient.
Je m'accroche à l'espoir, malgré ce ciel opaque,
Sous le plafond des chagrins, je cherche mon attaque.

La joie, éclat de vie

La joie est un éclat dans la lumière du jour,
Un rayon de soleil, un éclat d'amour.
Elle danse dans les yeux, un feu sacré,
Un éclat de bonheur, à peine voilé.

Elle éclate en rires, en éclats de voix,
Un rire contagieux, qui réjouit les bois.
Elle flotte dans l'air, légère comme une plume,
Un souffle de bonheur qui jamais ne s'allume.

Elle est une mélodie, douce et enivrante,
Un chant de liberté, une brise apaisante.
Les cœurs s'ouvrent grands sous son rayonnement,
Les soucis s'évanouissent dans son enchantement.

La joie se cache dans les instants simples,
Un regard partagé, un sourire sans plinthe.
Elle brille dans les yeux des enfants qui jouent,
Dans les moments de paix, dans les rêves fous.

Elle se faufile dans les petits gestes quotidiens,
Dans les câlins chaleureux, dans les éclats sereins.
Un instant de bonheur, un éclat de lumière,
La joie est un trésor, une étincelle qui éclaire.

Chaque instant de joie est un cadeau précieux,
Un souffle de vie, un bonheur radieux.
Elle nous rappelle que, même dans les tempêtes,
Les éclats de lumière sont toujours des fêtes.

Mon papa sauveur

En maternelle, je courais, joyeuse et insouciante,
Les Lego en main, ma course était vivante.
Les pièces multicolores, éclats de mon univers,
M'emportaient dans des mondes, loin de l'envers.

Mais les Lego ont roulés, se sont échappés,
Je n'ai pas arrêté, ma course effrénée.
Les éclats de plastique se sont répandus,
Je suis tombée, la tête vers le sol tendue.

Le choc fut brutal, ma tête se fit ouvrir,
Les larmes ont coulées, la douleur à décrire.
Deux points de suture, un souvenir gravé,
Un passage d'enfant, une épreuve à raconter.

Mon papa sauveur est arrivé, héroïque et rapide,
Sur sa moto, il m'a emmenée, tendrement décisif.
Dans l'urgence de la route, le vent sur nos visages,
Il m'a rassurée, avec des gestes d'un autre âge.

Je pensais à l'époque que la blessure était profonde,
Mais le temps a guéri, les cicatrices sont rondes.
Le souvenir est doux, bercé par le vent,
Le héros de mon enfance, papa, est là, éternellement.

Aujourd'hui, je me rappelle, avec un sourire,
Que ce jour-là n'était qu'un petit soupir.
Papa, le sauveur, a calmé ma peur enfantine,
Et ce souvenir devient une tendresse divine.

La page blanche

La page blanche, un espace vierge et pur,
Un océan d'opportunités, un contour d'aventures.
Elle m'attend, silencieuse, son élan suspendu,
Comme une toile infinie, un monde encore nu.

Ses feuilles blanches m'appellent, un appel timide,
Un miroir de mes pensées, de rêves, de guides.
Je cherche des mots, des couleurs pour l'habiller,
Mais souvent, je reste là, à la contempler.

Les idées naissent, se heurtent, se bousculent,
Dans ma tête, elles volent, fragiles et calculées.
Je veux écrire, dessiner, laisser ma trace,
Mais la page est un mystère, un vide qui me lasse.

Chaque ligne blanche est un défi à relever,
Une promesse de création, de beauté à dévoiler.
Je lutte contre la peur, contre le doute persistant,
Cherchant dans le silence un souffle, un instant.

La page blanche, c'est un début, un souffle de liberté,
Un espace pour créer, pour rêver, pour aimer.
Elle me rappelle que chaque mot, chaque rêve déposé,
Est une couleur, une étoile, un monde à révéler.

Cœur en détresse

Dans le silence d'un cœur en détresse,
La peur murmure des mots de faiblesse.
On sait qu'il faut tendre la main,
Mais l'angoisse nous garde en son sein.

Le besoin d'aide, comme un cri étouffé,
Reste prisonnier, jamais confessé.
L'ombre de la peur voile nos pas,
Et l'espoir se perd, loin de nos bras.

Apprendre

Dans mon esprit, à dix-sept ans,
Tourbillonnent des pensées, incessant tourment,
Je rêve de liberté, d'horizons éclatants,
Mais l'ombre du doute plane constamment.

Je veux grandir, voler de mes propres ailes,
Échapper aux chaînes, briller comme une étincelle.
Mais à chaque pas, le besoin d'être rassurée,
Je cherche l'avis de mes amis, leur clarté.

Les nuits sont longues, peuplées de questions,
Des choix à faire, des millions de directions.
L'indépendance appelle, douce mélodie,
Mais la peur murmure, parfois incomprise.

Mes amis sont là, miroirs de mes incertitudes,
Des voix de sagesse, contre la solitude.
Entre le désir de plaire et celui d'être moi,
Je cherche l'équilibre, mais ne sais pas.

Dans ce chaos, je trouve peu à peu ma voie,
Apprendre que grandir, c'est aussi faire des choix.
Avec le temps, mes pensées s'apaiseront,
Et je m'envolerai, guidée par mes propres leçons.

Dépendance

La dépendance, douce et cruelle,
Une prison dorée, un cœur en querelle.
L'amour, une chaîne invisible et forte,
Qui nous lie, même quand l'autre est loin de la porte.

Chaque regard, chaque mot, une ancre,
Sans l'autre, l'âme vacille et chancelle.
Chercher sans cesse ce doux réconfort,
Sans jamais se trouver, sans jamais être fort.

Besoin d'indépendance

À dix-sept ans, le cœur plein de rêves,
Je sens en moi une force qui s'élève.
Le besoin d'indépendance, tel un cri,
M'appelle à découvrir ce qui m'est promis.

Je veux tracer ma route, loin des sentiers battus,
Explorer le monde, ses secrets inconnus.
Chaque instant, chaque pas vers la liberté,
Est une note nouvelle dans ma mélodie enchantée.

Les règles et les limites me semblent des chaînes,
Je veux m'envoler, loin de toute rengaine.
Faire mes propres choix, sans toujours demander,
Prouver à moi-même que je peux avancer.

L'indépendance est une étoile, brillante et claire,
Guidant mes pas vers un futur sans barrières.
À dix-sept ans, je sais ce que je veux,
Être libre et forte, et suivre mes vœux.

Petite fille

Sous les arbres verts, dans un parc ensoleillé,
Une petite fille, le sourire émerveillé,
Tient une sucette, rouge comme un éclat,
Ses parents à ses côtés, veillant sur ses pas.

Le vent léger joue dans ses cheveux,
Tandis qu'elle savoure ce doux moment heureux.
Rires et jeux, complicité partagée,
Un instant de bonheur, à jamais gravé.

Repères

Dans l'ombre d'un ciel sans étoiles,
Le cœur cherche une voie, se voile.
Les brumes d'un passé sans fin,
Effacent les sentiers sereins.

Les horizons se font mirages,
Perdus dans le vaste naufrage.
Les repères se dissolvent, frêles,
Comme le souffle d'un rêve éphémère.

Seul le silence murmure encore,
Des échos d'un temps qu'on déplore.
Mais dans ce chaos sans lumière,
L'espoir renaît, léger, sincère.

Hypersensible

Un cœur à fleur de peau, une âme dévoilée,
Chaque souffle du vent, chaque mot est palpé.
Les larmes d'une rosée, un sourire éclatant,
Tout vibre en moi, tout est éblouissant.

Les émotions déferlent, torrent impétueux,
La joie, la tristesse, tout est plus lumineux.
Les mondes intérieurs se mêlent et se confondent,
Dans un ballet intense où les sens se fondent.

Chaque regard porte un univers, un secret,
Chaque touché, une histoire, un effet.
Les murs sont transparents, les âmes s'exposent,
Dans l'univers fragile où la sensibilité ose.

Mais dans cette tempête de perceptions vives,
Je trouve la beauté dans ce qui dérive.
Être hypersensible, c'est vivre intensément,
Un cadeau, une épreuve, un éclat permanent

Humanité

Sous un ciel de plomb, la terre meurtrie,
Les hommes avancent, leur cœur endurci.
Le sang des innocents coule sans trêve,
Sous la froide indifférence, la compassion s'achève.

Les cris étouffés par le vacarme des guerres,
Les larmes se perdent dans des déserts amers.
La cruauté se tisse dans les fils du pouvoir,
Écrasant les rêves, anéantissant l'espoir.

Les enfants, ombres d'une humanité brisée,
Regardent l'avenir avec des yeux glacés.
Les promesses se fanent comme des fleurs d'hiver,
Sous le joug des hommes, la douceur se perd.

Des mains se tendent, mais se heurtent au mépris,
L'amour étouffé sous des gestes impunis.
Dans ce monde de fer, les cœurs se cloisonnent,
Et la lumière de l'âme doucement s'abandonne.

Pourtant, au-delà des ténèbres, lueur fragile,
Des voix s'élèvent, des esprits indociles.
Contre la cruauté, ils dressent leurs flammes,
Réveillant les consciences, redonnant une âme.

Cri de liberté

Sous un ciel chargé de lourds nuages,
Une adolescente cherche un rivage.
Loin des regards, loin des murmures,
Un refuge où crier, une échappée pure.

Les pensées tourmentées, l'âme en chaos,
Elle cherche un lieu pour libérer ses mots.
Les émotions bouillonnent, volcan intérieur,
Son cœur réclame une pause, loin de la peur.

Elle s'élance dans les bois, sous l'ombre des pins,
La forêt devient sanctuaire, son secret jardin.
Les feuilles murmurent, les branches tendent la main,
Un souffle de liberté dans ce coin lointain.

Là, seule, elle hurle, son cri fend la nuit,
Chaque note, chaque son, apaise son esprit.
Les larmes coulent, rivière de son âme,
La nature accueille sa douleur, sa flamme.

Le vent emporte ses peines, ses tourments,
La forêt écoute, silencieuse et bienveillante.
Dans cet exutoire, elle trouve enfin la paix,
Un instant de répit, un moment de clarté.

L'adolescente revient, plus légère, plus forte,
Son cœur apaisé, une nouvelle porte.
Elle sait désormais, dans les bois ou ailleurs,
Qu'un cri libéré peut soigner les douleurs.

Miroir

Dans le miroir, elle voit une étrangère,
Une adolescente, perdue, solitaire.
Ses yeux cherchent des réponses, des raisons,
Dans un monde où règne l'illusion.

Les jours passent, lourds de doutes et de peines,
Elle porte en silence son masque de reine.
Sous le maquillage, les sourires forcés,
Se cache une âme qui cherche à respirer.

Les mots blessants résonnent comme des couteaux,
Les regards jugent, les chuchotements sont trop.
Elle voudrait disparaître, se fondre dans l'ombre,
Échapper à ce corps où ses pensées sombrent.

Les nuits sont longues, peuplées de questionnements,
Pourquoi suis-je ainsi ? Où est le réconfort aimant ?
Chaque matin est un combat renouvelé,
Contre ce reflet qu'elle voudrait oublier.

Mais dans le silence, une étincelle fragile,
Une voix murmure, douce et subtile.
Tu es unique, précieuse dans ta différence,
La beauté réside dans chaque nuance.

Un pas après l'autre, elle apprend à s'accepter,
À voir au-delà des blessures, de la beauté cachée.
La route est longue, parsemée de défis,
Mais au fond de son cœur, une force jaillit.

Mal dans sa peau, mais forte de ses combats,
Elle trace son chemin, découvre sa voie.
Chaque cicatrice devient une part de son histoire,
L'adolescente se redresse, fière de son miroir.

Peur de l'abandon

Dans le silence de la nuit, elle tremble,
La peur de l'abandon, en elle, s'assemble.
Chaque absence, chaque départ, une blessure,
Un vide qui grandit, une douleur obscure.

Son cœur bat, fragile, sous l'ombre du doute,
Les promesses s'effacent, le temps les déroute.
Elle craint l'instant où tout s'effondrera,
Où ceux qu'elle aime la quitteront sans retour là-bas.

Les souvenirs d'enfance, échos douloureux,
Des adieux précipités, des regards fuyants, peureux.
Elle porte en elle ce fardeau invisible,
Un poids qui l'étouffe, une crainte indicible.

Chaque nouvelle relation, un pari risqué,
Chaque affection, un fil prêt à se briser.
Elle sourit, elle aime, mais toujours en retrait,
Craignant l'abandon, qui jamais ne la quitte, discret.

Mais parfois, dans un geste, une parole sincère,
Elle trouve un peu de paix, une douceur éphémère.
Des amis, des âmes, qui lui montrent, attentifs,
Que l'attachement peut être vrai, indéfectible.

Pas à pas, elle apprend à faire confiance,
À laisser de côté cette peur, cette défiance.
Elle découvre en elle une force, une résilience,
Et comprend que l'amour peut vaincre l'absence.

La peur de l'abandon, toujours présente,
Mais moins oppressante, moins envahissante.
Elle s'ouvre au monde, laisse entrer la lumière,
Guérissant doucement ses peines, ses prières.

Espoir paternel

Dans l'ombre d'un passé empreint de silence,
Elle marche, hésitante, sur un chemin de cadence.
Là où les souvenirs se mêlent à la douleur,
Elle tente, encore une fois, de briser les murs.

Ses yeux cherchent dans le regard paternel,
Un écho de tendresse, une lueur fraternelle.
Chaque mot, chaque geste, semble si lointain,
Comme des étoiles éteintes dans un ciel serein.

Elle se souvient des rires, des moments partagés,
Des jours où l'amour semblait inaltéré.
Mais le temps a creusé des fossés invisibles,
Des blessures profondes, des silences indicibles.

Elle lui écrit des lettres, des mots sincères,
Espérant trouver une porte, une lumière.
Mais chaque tentative semble se briser,
Dans le vent du passé, ses espoirs s'envolent, désespérés.

Les retrouvailles sont des rendez-vous manqués,
Des conversations où les mots se heurtent, se taisent.
Son cœur bat fort, mais chaque geste est lourd,
Comme une danse entravée, sans amour.

Elle voudrait juste un regard, une main tendue,
Un signe que l'amour n'est pas perdu, qu'il peut renaître.
Mais l'abîme reste, infranchissable, une vérité dure,
Et le silence, cruel, continue de l'enfermer.

110

Dans le jardin de l'espoir, des fleurs fanées,
Elle s'accroche à ses rêves, à des jours apaisés.
Peine perdue ou pas, elle cherche encore,
À se réconcilier, à trouver un peu d'espoir.

Et même si le chemin reste parsemé d'étoiles mortes,
Elle marche, forte, avec son cœur qui porte,
Le rêve d'un jour, où les mots se feront doux,
Où l'amour, enfin, guérira tous leurs mots fous.

Passion enflammée

Sous les feux des projecteurs, son âme s'enflamme,
Dans les coulisses sombres, elle trouve son drame.
Les planches du théâtre, son refuge, son foyer,
Là où ses rêves prennent vie, où elle peut briller.

Chaque rôle, chaque texte, est un nouveau monde,
Une échappatoire, une histoire qui l'inonde.
Elle s'évade, se transforme, devient mille visages,
Dans cet univers magique, elle tourne la page.

La vie hors scène semble terne, dénuée de couleur,
Mais sur les planches, elle découvre la splendeur.
Les applaudissements, la reconnaissance, la ferveur,
Font battre son cœur avec une douce ardeur.

Elle répète sans fin, perfectionne son art,
Cherche dans chaque réplique une part de son départ.
Ses amis la voient, perdue dans ses scripts,
Mais elle sait que là, elle trouve son élixir.

Les jours passent, les doutes parfois s'installent,
Mais le théâtre reste son monde idéal.
Elle danse, elle pleure, elle rit, elle crie,
Dans ce lieu sacré, elle se sent en vie.

Pour elle, le théâtre n'est pas juste un lieu,
C'est une destinée, un rêve audacieux.
Elle sait que sa place est là, sur la scène,
Là où la passion, toujours, la mène.

Chaque rideau levé est un battement de cœur,
Chaque rôle endossé, une nouvelle lueur.
Elle se perd dans les rôles, mais se trouve aussi,
Car au théâtre, elle sait qu'elle est, enfin, qui elle est.

Hyperactive

Dans le tourbillon de mes pensées agitées,
Mon esprit s'élance, jamais apaisé.
Chaque instant, chaque souffle, une nouvelle aventure,
L'hyperactivité, ma compagne sans mesure.

Les idées fusent, éclatent comme des étoiles,
Impossible de les contenir, elles s'emballent.
Mes mains ne peuvent rester immobiles,
Toujours en mouvement, dans un rythme fébrile.

Les journées sont des courses sans fin,
À la recherche d'un but, d'un destin.
Mes pieds touchent à peine le sol,
Je suis une tornade, une brise folle.

Le monde m'invite, tout m'attire,
Impossible de rester, je dois partir.
L'énergie en moi est une flamme vive,
Un feu insatiable, une force impulsive.

Les nuits sont courtes, peuplées de rêves vifs,
Mon esprit ne connaît pas de repos, même furtif.
Je plonge dans l'inconnu, explore sans cesse,
Chaque moment est un défi, une promesse.

Les autres me regardent, parfois incompris,
Mais pour moi, c'est la vie, c'est ainsi.
L'hyperactivité est ma danse, mon chant,
Un flot incessant, un élan constant.

Je trouve ma voie dans ce tumulte,
Chaque jour est un nouveau culte.
À travers le chaos, je découvre ma force,
Dans cette énergie, je trouve ma source.

Car être hyperactif, c'est vivre intensément,
C'est embrasser le monde, passionnément.
Dans chaque battement de cœur, chaque éclat de vie,
Je trouve ma place, je trouve qui je suis.

Amour fraternel

Dans le jardin secret des liens familiaux,
L'amour entre frère et sœur est un mystère délicieux.
Deux ans et demi d'écart, un seuil imperceptible,
Mais leur affection est profonde, presque indicible.

Elle le voit comme un trésor fragile,
Son petit frère, son joyau, son fil.
Avec des gestes tendres, elle le protège,
Dans ses bras, il trouve un refuge, un cortège.

Elle veille sur lui, comme une étoile bienveillante,
Son amour est une lumière, douce et éclatante.
Elle sait que le monde peut être dur et froid,
Alors elle le garde près d'elle, avec foi.

Il court dans les jardins de l'enfance insouciante,
Savourant la douceur de sa sœur protectrice, vibrante.
Pour lui, elle est une héroïne, une guide,
À travers les tempêtes, elle est son abri, son guide.

Mais parfois, dans ce cocon bien trop serré,
Il rêve de liberté, d'espaces à explorer.
Il veut grandir, se faire ses propres chemins,
Mais sa sœur le retient, le chérit avec soin.

Elle, de son côté, craint chaque faux pas,
Chaque ombre qui pourrait le mettre en émoi.
Son amour est fort, mais parfois trop intense,
Elle voudrait le garder à l'abri, en silence.

Leur amour est un balancement délicat,
Entre protection et autonomie, un combat.
Il apprend à se libérer, à voler de ses propres ailes,
Elle apprend à lâcher prise, à laisser le ciel.

Ensemble, ils grandissent, main dans la main,
Trouvant un équilibre, un chemin serein.
Leur amour est une danse, une symphonie,
Un mélange de liberté et de tendresse infinie.

Adolescence

Dans le brouillard épais de ses années de transition,
Elle se perd, cherche une voie, une direction.
L'adolescence s'installe, tumultueuse et vive,
Avec ses tempêtes intérieures, ses vagues intensives.

Son cœur est une mer en furie, pleine de tourments,
Chaque émotion est une vague, un tourbillon intense.
Les rires d'autrefois sont des souvenirs lointains,
Les conflits intérieurs sont des ombres dans son chemin.

Les miroirs lui renvoient une image trouble,
Un reflet qu'elle ne reconnaît, un visage flou.
Les changements sont brusques, les questions lancinantes,
Elle cherche sa place dans cette époque errante.

Les rêves se bousculent, les peurs s'amplifient,
Chaque jour est un combat, chaque nuit un défi.
Les amitiés changent, les amours sont confus,
Dans cette crise d'adolescence, tout semble diffus.

Les conseils des adultes lui paraissent des échos,
Des voix lointaines, des murmures sous l'eau.
Elle veut se rebeller, chercher des réponses,
Mais se heurte aux murs de l'incompréhension dense.

Son esprit est une danse de contradictions,
Entre désirs ardents et peurs sans direction.
Elle aspire à la liberté, tout en cherchant un guide,
Dans un monde où ses certitudes se divisent.

Pourtant, dans ce chaos, elle trouve des éclats,
Des moments de clarté, des éclairs de choix.
Chaque épreuve est une leçon, chaque échec un pas,
Vers une meilleure compréhension de soi, là-bas.

Elle apprivoise ses tempêtes, apprend à naviguer,
À travers les vagues de ses émotions entremêlées.
L'adolescence est une crise, mais aussi une quête,
Pour découvrir qui elle est, une étoile en fête.

Au croisement des choix j'apprends à grandir

Au croisement des choix, je suis hésitante,
Les chemins se dédoublent, mon esprit vacille.
Chaque option brille d'une promesse,
Mais la peur de l'erreur me presse.

Les conseils des autres se mêlent dans mon cœur,
Des voix diverses, des échos de peur.
Chaque décision est un poids lourd,
La crainte de faillir se fait jour.

Pourtant, dans ce tourbillon d'hésitation,
Je découvre la clé de ma libération.
Les choix ne sont pas des pièges, mais des pas,
Chaque détour façonne mon chemin, pas à pas.

Manipulation

Dans le calme trompeur de son regard paternel,
Se cachent des fils invisibles, des jeux cruels.
Avec des sourires, il tisse des promesses dorées,
Mais ses intentions sont des pièges bien cachés.

Sous la pression de ses propres peurs, il manipule,
Ses gestes sont des chaînes, ses mots des écrans d'azur.
Il craint le chaos, la perte, et les révoltes,
Alors il façonne les cœurs avec des règles impolies.

Son autorité est une prison qu'il impose,
Un père qui, dans sa peur, tisse des ruses closes.
Mais la lumière de la vérité finit par percer,
Les masques tombent, les vérités se font claires.

Dans le reflet de ses ruses, la liberté s'éveille,
Et le cœur se libère des chaînes, des conseils sans merveilles.
Car comprendre sa peur, c'est saisir la clé,
Pour sortir du labyrinthe qu'il a lui-même forgé.

Pression scolaire

Sous le poids des livres, la pression s'installe,
Chaque note et chaque épreuve deviennent une échelle.
Les heures de travail s'étirent, sans fin,
Dans la quête de succès, la fatigue se dessine.

Les attentes sont énormes, les objectifs élevés,
Chaque erreur, chaque doute, semble surdimensionné.
Les rêves de perfection pèsent sur mes épaules,
Chaque examen, chaque test, devient une épreuve, un rôle.

Le stress devient un compagnon constant,
Les nuits sont courtes, les jours épuisants.
Mais dans ce tourbillon de devoirs et de peurs,
Je découvre une lueur de courage dans mes heures.

J'apprends à respirer, à lâcher un peu,
À équilibrer mes efforts avec des moments de jeu.
Car au-delà des notes, des attentes pressantes,
Je cherche la paix dans une vie plus apaisante.

LSF

Dans les couloirs des écoles, un rêve prend vie,
Elle milite pour que la LSF devienne une langue en harmonie.
Pour que chaque signe, chaque geste, soit reconnu,
Que la langue des signes ait une place, un espace continu.

Elle rêve d'intégrer cette langue comme LV2,
Pour ouvrir les portes, pour que l'inclusion soit vraie.
Chaque leçon, chaque signe, est un pas vers l'égalité,
Pour que les sourds et muets trouvent leur place dans la société.

Elle se bat pour briser les barrières invisibles,
Pour que l'accès à l'éducation soit plus accessible.
Son courage est un phare, une lumière éclatante,
Pour que chaque voix, chaque signe, soit pleinement importante.

Dans ses luttes et ses efforts, elle trouve la force,
De changer les mentalités, d'ouvrir les courses.
Pour que demain, la LSF ne soit plus une exception,
Mais une langue officielle, source d'inclusion.

Changement

Dans le miroir de l'avenir, elle voit des ombres,
Le changement s'approche, et son cœur succombe.
Chaque pas vers l'inconnu est un tremblement,
Elle craint les bouleversements, le désenchantement.

Les habitudes, les repères sont des ancres rassurantes,
Mais le monde évolue, devient parfois effrayant.
Elle s'accroche à ce qu'elle connaît, à ce qui est sûr,
Mais le changement lui semble une mer trop obscure.

Les nouvelles étapes sont des montagnes à gravir,
Des défis inconnus, des chemins à bâtir.
Elle redoute les échecs, les erreurs à venir,
Et dans ce tourbillon, elle cherche à s'ancrer, à choisir.

Pourtant, au fond de sa peur, une lueur persiste,
Le changement est une chance, un chemin qui existe.
Elle apprend à avancer, pas à pas, avec foi,
Découvrant dans l'incertitude, la force de sa voix.

Le futur est un livre aux pages encore blanches,
Elle se prépare à écrire son histoire, pleine de branches.
Car même si la peur est une ombre qui la suit,
Elle découvre que chaque changement est un nouveau début, une
nouvelle vie.

Contradiction humaine

Nous sommes des labyrinthes de contradictions,
Des créatures aux multiples facettes, des variations.
Dans nos cœurs et esprits, les paradoxes se mêlent,
Des désirs opposés, des croyances éternelles.

Je veux la paix, mais je crains le silence,
Je recherche l'aventure, mais je fuis l'incertitude.
Je rêve de liberté, mais je m'accroche aux habitudes,
Un être humain, un enchevêtrement de nuances.

Je parle d'amour, mais parfois je doute,
Je prône la sincérité, mais parfois je cache des vérités.
Je poursuis des objectifs, mais souvent je dévie,
Entre aspirations et réalités, l'équilibre est précaire.

Mon cœur veut embrasser le monde, tout en cherchant la sécurité,
Je suis attirée par le changement, mais je redoute l'inconnu.
Chaque choix est un conflit entre l'ancien et le nouveau,
Chaque décision révèle des aspects paradoxaux.

Je rêve de grandes choses, mais je m'inquiète des détails,
Je veux briller, mais je crains le jugement.
Je cherche des réponses, mais je m'égare dans les questions,
La complexité humaine est une toile de contradictions.

Nos passions s'entrechoquent avec nos peurs,
Nos certitudes se heurtent à nos incertitudes.
Nous sommes des êtres en perpétuelle évolution,
Naviguant entre les extrêmes, avec une quête d'harmonie.

Nous jonglons avec les paradoxes, des vérités multiples,
Construisant nos vies sur des fondations fluctuantes.
Chaque contradiction est une pièce du puzzle humain,
Une mosaïque complexe, unique en son genre.

Dans ce tourbillon de contradictions, il y a beauté,
Car c'est dans cette complexité que se cache la vérité.
Nous sommes des êtres de nuances, d'ombres et de lumière,
Des paradoxes vivants, avec des âmes singulières.

Des maux sans mots

Dans le silence des gestes, des maux se dévoilent,
Des vérités sans paroles, des secrets sans voiles.
Le langage du corps exprime ce que les mots cachent,
Des douleurs, des joies que les mots ne relâchent.

Une main qui tremble, un regard fuyant,
Trahit l'angoisse, le poids du moment.
Les épaules affaissées racontent des fardeaux,
Que les mots ne peuvent dire, que l'on tait pour de bon.

Les bras croisés, une posture défensive,
Des boucliers contre les peurs, les blessures vives.
Un sourire figé, une voix qui se perd,
Exprime des peines que les mots n'éclairent pas.

Les pas hésitants, les gestes mesurés,
Révèlent des luttes, des batailles à côté.
Les corps murmurent des vérités non dites,
Des histoires de vie que les mots ne retranscrivent pas, trop petites.

Le langage corporel est un livre silencieux,
Des chapitres d'émotions, de sentiments précieux.
Chaque mouvement, chaque regard, chaque soupir,
Raconte des récits que les mots n'osent pas dire.

Choix ou liberté

À dix-sept ans, je rêve encore de l'enfance,
Des jours insouciants, des heures en silence.
Je veux m'évader dans les souvenirs dorés,
Des jeux sous la pluie, des rires partagés.

Mais la liberté m'appelle avec une voix claire,
Elle promet des horizons vastes, sans frontières.
Je désire explorer, grandir sans entraves,
Découvrir le monde, être libre, sans chaînes ni entraves.

Mon cœur est déchiré entre deux désirs contraires,
Rester dans l'innocence ou embrasser la lumière.
Je veux être l'enfant qui s'émerveille de tout,
Mais je suis attirée par les choix, les chemins flous.

Je rêve des soirées passées à rêver et à jouer,
Tout en ressentant la soif de liberté, de pouvoir choisir.
Être encore une enfant, mais avec l'envie de partir,
De tracer ma route, de m'épanouir.

C'est un ballet délicat entre l'innocence et la grandeur,
Entre les rêves d'hier et les ambitions d'aujourd'hui.
Je cherche un équilibre entre deux mondes si chers,
Conserver une part d'enfance tout en embrassant la vie.

À dix-sept ans, je suis à la croisée des chemins,
Avec un pied dans le passé et l'autre dans le destin.
Je souhaite garder la magie de l'enfance en moi,
Tout en découvrant la liberté qui m'ouvre ses bras.

Danser

Je me balance, les cheveux lâchés,
La musique m'anime, je ne fais que danser.
Le stress me tenait éveillée,
Mais le plaisir de décompresser me transportait.

J'avais stressé, et maintenant, sans permission,
Je dansais librement, perdue dans l'émotion.
Je m'écoutais, et l'heure de rentrer n'était pas prête de sonner,
Dans ce moment de liberté, je me laissais aller.

Le 23/07/2024

Papillon

Assise dans un café, elle le voit,
Elle s'attarde d'abord sur sa façon de se mouvoir,
Se penchant pour récupérer les plats vides sur les tables commen-
çant à se vider,
Son adresse à placer les assiettes sans les faire tomber,
costume qui lui donne un air si élégant,
Et puis son visage,
Son visage si ferme, mais si doux à la fois,
Son visage qu'elle examinait en remuant son café,
Son café faisant des vagues comme l'océan dans ses yeux,
Ses yeux soulignant ses arcades,
Elle l'observait comme elle ne l'avait jamais fait pour quiconque
auparavant,
Elle le pressentait, mais les papillons l'animaient.

Le 23/07/2024

Elle lit..

Assise à son bureau, elle se lève,
Son livre en main, elle se redresse,
Elle commence à lire les lignes noires marquées sur le papier.
Elle peine à déchiffrer certains mots,
Son esprit embrouillé parmi ces symboles voit des montagnes de lettres
mélangées,
Des montagnes tellement confuses qu'elles alourdissent sa lecture.
Elle tente de se concentrer uniquement sur les lettres,
Mais des bruits se font entendre dans son dos.
Alors, elle s'arrête, ne relève pas la tête,
Et passe le relais de lecture à sa maîtresse

Le 24/07/2024

Sur cette vaste pleine de liberté

Je déambule, les pieds ancrés sous le sable,
Ce sable humide recouvrant la plage,
Comme un habit beige, protecteur de son for intérieur.
Mes pieds s'enfoncent, rencontrant parfois des coquillages,
Ces fragments de matière indéfinie,
Des formes éparses que nous émiettons en passant.
Je sens le vent faire valser mes cheveux,
Ils dansent au rythme de la mélodie des vagues,
S'entremêlant doucement dans l'air marin.
L'odeur du sel monte à mes narines,
Rendant l'air si pur, si vivifiant.
Je marche sur cette vaste étendue de liberté,
Libérant mes pensées, m'accrochant à elles comme à une bouée.
Je progresse sur cette plage immense,
Comme je le ferais dans ma propre maisonnée,
Cherchant dans cet espace un refuge pour mon esprit.

Le 25/07/2024

Spasmes de l'âme

Dans l'ombre, surgit la tempête,
Spasmophilie, angoisse muette.
Le cœur s'emballe, les mains tremblent,
L'air se raréfie, la peur assemble.
Le souffle court, l'esprit égaré,
Muscles crispés, prison de chair.
Une bataille, une épreuve, chaque crise,
Force et résilience à chaque reprise.
Dans la nuit, les étoiles brillent,
L'espoir renaît, malgré la douleur.
Courage immense, en silence,
La lumière revient, porteuse de bonheur.

Partir

Partir sans un adieu, laissant le cœur brisé,
Avec des souvenirs qui ne peuvent s'effacer.
Reviendras-tu jamais dans mes rêves doux et chers ?
Ton absence pèse lourd, dans chaque coin, chaque air.
Immense est la douleur, impossible à consoler,
Rien ne comblera jamais le vide que tu as laissé.

La balade des émotions

Dans le théâtre de l'esprit, se joue une mélodie,
Où chaque émotion a sa propre symphonie.
Joie éclatante, danseuse en robe dorée,
Sa lumière illumine les sombres journées.
Colère, guerrière au cœur ardent,
Fait rugir les flammes en un instant.
Elle défend son territoire avec fureur,
Mais peut laisser place à douceur.
Tristesse, tendre muse aux yeux d'azur,
Avec ses larmes, elle lave les blessures.
Sa mélancolie, douce mélodie,
Nous rappelle l'importance de l'empathie.
Peur, sentinelle aux sens aiguisés,
Protège l'esprit des dangers insoupçonnés.
Son ombre veille, prête à avertir,
Des périls cachés, elle sait pressentir.
Dégoût, critique au regard acéré,
Décèle les faux semblants avec sagacité.
Elle garde l'esprit pur et sincère,
Éloignant les faux amis et les chimères.
Envie, fougueuse et pleine de désir,
Pousse à l'action, à l'avenir.
Elle inspire les rêves et les ambitions,
Rend plus forts nos plus grands frissons.
Embarras, timide et hésitant,
Rougit souvent sous le regard insistant.
Il rappelle la fragilité de l'instant,
Et la vulnérabilité de nos sentiments.
Ennui, lent et monotone compagnon,
Pousse à chercher une nouvelle passion.

Il est le creuset de la créativité,
D'où naissent l'art et l'ingéniosité.
Anxiété, vigilance constante et prévenante,
Soucieuse, inquiète, toujours vibrante.
Elle nous garde alertes, en éveil,
Mais peut peser lourd comme un ciel sans soleil.
Dans cette danse intérieure, tout s'unit,
Chaque émotion trouve sa place, son harmonie.
Elles s'expriment, se répondent, se balancent,
Créant la symphonie de l'existence.
À chaque instant, une note nouvelle,
Fait vibrer l'âme, la rend plus belle.
L'esprit, chef d'orchestre bienveillant,
Guide ces émotions avec talent.
Dans ce ballet, nous trouvons notre voie,
Entre rires et larmes, colère et joie.
Chaque émotion, précieuse et unique,
Compose l'hymne de notre vie, magnifique.

Le doute d'une âme

Dans le tumulte de mes pensées secrètes,
Je cherche ma voie, dans l'amour, les désirs,
Un chemin incertain, aux mille reflets,
Où chaque émotion m'enivre et m'attire.
Hésitante, je frôle ces cœurs variés,
Des garçons, des filles, tous égaux à mes yeux,
Le cœur balance, mes rêves se mêlent, liés,
Qui suis-je dans ce monde, vaste et précieux ?
Bisexuelle, un terme connu, familier,
Mais d'autres attirances m'appellent aussi,
L'âme pansexuelle, au-delà des genres liés,
Sans limite, sans barrière, tout est permis.
Au fil du doute, une certitude se dessine,
Pan, je me dis, et mon cœur enfin s'incline.

Quête

Brume du matin,
Chemin se perd dans la nuit,
L'âme cherche en vain.

Tristesse maritime

Larmes silencieuses,
Sous la lune solitaire,
Cœur brisé murmure.

Compagnon félin étenel

Dans tes yeux, un univers s'épanouit,
Un mystère de soie, une étoile nacrée,
Ton regard m'enchante, doux et inouï,
Révélant des mondes que nul n'a explorés.
Le matin, tu viens, ta présence m'apaise,
Félin gracieux, aux mouvements si légers.
Ton pelage au touché, où l'amour se complaise,
Chasse la nuit noire, illumine mes pensées.
Silencieusement, tu glisses dans l'ombre,
Garde de la nuit, protecteur taciturne.
Chaque pas un poème, un mystère sans nombre,
Ton regard perçant comme une nuit sans lune.
Quand le jour se fait dur et l'esprit s'égare,
Tu es là, fidèle, doux comme un soupir.
Ton ronronnement, tel un chant de guitare,
Apporte à mon cœur un doux élixir.
Ta confiance en moi, plus précieuse que l'or,
Un lien éternel, tissé dans l'infini.
Avec toi, chaque instant devient un trésor,
Chaque moment partagé, un rêve béni.
Dans ton silence, une sagesse antique,
Un amour profond, une vérité subtile.
Merci, compagnon, pour ton charme mystique,
Pour ton amour pur, fidèle et indélébile.

Echos du silence

Dans tes yeux, des mondes en secret,
Un mystère, une étoile voilée,
Ton regard parle, doux et discret,
Des rêves enfouis, une âme révélée.
Le jour se lève, lèvres fermées,
Gardien des pensées, profond et sage,
Ton mutisme est fleur, doucement figée,
Éclot dans l'ombre, éclaire mon voyage.
Dans le silence, des échos de brume,
Des mots jamais dits, des secrets tendus,
Parlent au cœur, sans plume.

Entraves d'or et de chagrin

Dans l'aube naissante, où le soleil hésite,
Se cache une histoire, un destin insolite.
Loin des rêves doux, loin des songes paisibles,
Une fille se tient, dans un silence terrible.

Les yeux baissés, le cœur lourd de chaînes,
La voix des anciens dicte sa peine.
Un marché cruel, où le cœur est trahi,
Où l'amour est absent, où l'âme s'affaiblit.

Les sourires forcés masquent les larmes cachées,
Chaque mot prononcé, chaque geste dicté.
Les espoirs arrachés par des lois ancestrales,
Une vie sans éclat, sous des étoiles pâles.

Sous le voile blanc, une âme prisonnière,
Des rêves étouffés, une vie sans lumière.
Le mariage, une promesse non choisie,
Une cage dorée, sans joie, sans vie.

La main dans la main, mais le cœur en errance,
Deux êtres liés par une fausse alliance.
Les rires se meurent, les rêves se fanent,
Dans l'ombre d'un futur, l'étincelle se damne.

142

Les jours se succèdent, monotones et gris,
Dans une maison où l'amour est proscrit.
Le silence s'installe, le vide s'épanouit,
Chaque sourire un mensonge, chaque regard un cri.

Mais dans ce noir complet, une flamme survit,
Un désir de liberté, une volonté infinie.
Dans l'obscurité, une force se lève,
Pour briser les chaînes, retrouver la sève.

Elle rêve de jours où le choix est permis,
Où l'amour est sincère, où la vie est ravie.
Pour chaque fille qui se lève, chaque voix qui s'élève,
Un espoir renaît, une chaîne se brise, brève.

Les anciennes traditions, bien qu'ancrées dans le sol,
Ne peuvent contenir l'élan du renouveau.
Le cri des jeunes filles résonne dans les vallées,
Cherchant justice, cherchant liberté.

Dans chaque larme versée, une graine d'espoir,
Pour un futur où les cœurs ne sont plus noirs.
Où les mariages se font par amour et par choix,
Où chaque fille peut dire « c'est ma voie ».

Ainsi se termine ce chant de douleur,
Avec une promesse, avec une ferveur.
Pour que chaque fille, dans ce monde si vaste,

Trouve sa propre voie, sans contrainte, sans hâte.

Dans l'aube naissante, où le soleil hésite,
Une nouvelle histoire, un destin infini.
Loin des chaînes du passé, des rêves paisibles,
Pour une vie de douceur, une vie accessible.

Les portes de l'esprit

Dans les couloirs clairs d'un lieu méconnu,
Des âmes en quête, des cœurs retenus.
On parle souvent, sans vraiment savoir,
Des HP comme des ombres noires.

Mais entre ces murs, des histoires naissent,
Des hommes et des femmes qui cherchent une adresse.
Un refuge, un abri, pour panser les plaies,
Un espace où l'esprit peut trouver la paix.

Ce n'est pas la folie qui franchit ces seuils,
Mais des vies marquées par des vagues sans accueil.
Des cœurs lourds de peine, des esprits en tumulte,
Cherchant des réponses dans un monde en insulte.

Là, les regards se croisent, les âmes se reconnaissent,
Des sourires sincères, des mains qui se pressent.
La douleur partagée devient moins lourde à porter,
Dans ces havres de paix où l'on vient se retrouver.

Chaque chambre, un abri pour les cœurs brisés,
Chaque couloir, un chemin vers l'âme apaisée.
Les rires et les larmes se mêlent en harmonie,
Comme une symphonie de vies en quête d'infini.

Des visages différents, des histoires multiples,
Des âmes en errance, des vies parfois futiles.
Mais ici, ensemble, une nouvelle force naît,
Dans la solidarité, chaque jour renaît.

On parle souvent des HP avec crainte,
Sans voir la lumière qui doucement y pointe.
Car c'est dans ces lieux que la vie reprend son cours,
Que les âmes blessées retrouvent le jour.

Les soignants, les amis, sont des phares bienveillants,
Guidant les esprits à travers les tourments.
Ils écoutent, ils comprennent, sans jamais juger,
Offrant une présence, un soutien partagé.

Ce n'est pas un asile, mais un sanctuaire,
Où l'esprit trouve refuge, où l'on peut se défaire.
Des stigmates du passé, des chaînes invisibles,
Pour renaître enfin, dans une lumière sensible.

Les HP ne sont pas pour les fous, comprenez,
Mais pour les âmes en quête de sérénité.
Des hommes et des femmes, des jeunes et des vieux,
Cherchant simplement un peu de mieux.

Dans ce monde si vaste, si souvent cruel,
Chacun cherche un abri, un espace réel.
Et les HP sont ces havres d'espoir,

Où l'on peut enfin, entrevoir la lumière du soir.

Alors, ouvrez les yeux, ouvrez vos cœurs,
Comprenez ces lieux, et leur vraie lueur.
Car c'est dans ces refuges que la vie reprend,
Et que chaque âme trouve enfin son vent.

Dans les couloirs clairs d'un lieu méconnu,
Des vies se reconstruisent, des rêves retenus.
Des HP, des sanctuaires, où l'esprit se libère,
Pour un avenir serein, une nouvelle ère.

Empathie adolescente

Dans un monde agité, où les cœurs se ferment parfois,
Vit une adolescente au regard doux et droit.
Ses yeux reflètent une tendresse infinie,
Son cœur est un océan de pure empathie.
Elle marche doucement, avec une grâce discrète,
Captant les chagrins, les peines secrètes.
Sa compassion est un baume, un souffle léger,
Pour ceux qui croisent son chemin, mais ne voient pas son pied.
Pourtant, souvent, elle choisit la distance,
Pour protéger son âme des émotions d'errance.
Elle sait que ses propres douleurs sont déjà lourdes,
Et que celles des autres pourraient rendre son cœur sourd.
Elle reste loin, de peur de ne plus rien ressentir,
Comme c'est déjà arrivé, ce vide à s'en étourdir.

Sous pression

Les notes tombent, chiffres froids sur des pages blanches,
Le lycée, théâtre d'angoisses et de manches.
Chaque examen, chaque devoir noté,
Devient un défi, une bataille à mener.

Les élèves en file, leur cœur battant fort,
Attendent le verdict, une note qui dévore.
Un chiffre qui parfois, brille comme un éclat,
Ou qui souvent, hélas, leur élan brisera.

Les nuits sont longues, les livres empilés,
Les esprits fatigués, les rêves éparpillés.
Les notes dictent l'avenir, en un instant figé,
Mais oublient l'effort, la passion cachée.

Certains brillent sous la pression, deviennent des étoiles,
D'autres luttent en silence, contre ce mur de toile.
Les notes ne disent pas tout, ne voient pas l'âme,
Ni les talents secrets, ni les flammes.

Dans les couloirs du lycée, murmures et soupirs,
Les notes font parler, font rire et font gémir.
Mais au-delà des chiffres, dans chaque cœur ardent,
Se cache une histoire, un potentiel éclatant.

Les notes sont un passage, un instant à traverser,
Mais elles ne définissent pas la route à tracer.
Chaque élève est unique, chaque chemin est sien,
Les notes sont des étapes, mais l'avenir appartient aux mains.

Les notes sont des repères, pas la fin de la vie.
Apprenez, rêvez, persévérez sans peur,
Car au-delà des notes, se trouve notre valeur.

Bonne nuit

Dans le doux silence du soir apaisé,
Une fillette aux pas légers, à l'esprit enchanté,
S'avance discrètement, à l'heure du repos,
Pour murmurer un tendre "bonne nuit" en écho.

Sous la lueur douce d'une lampe tamisée,
Elle pousse la porte, le cœur plein de bonté.
Mais dans la pénombre, une scène se dévoile,
Ses parents enlacés, une danse sans voile.

Les corps en harmonie, dans un bal secret,
Sous ses yeux innocents, elle voit l'amour discret.
Sans bruit, sans un mot, elle recule en douceur,
Respectant ce moment de passion et d'ardeur.

Le cœur battant fort, elle referme la porte,
Son esprit emporté par des rêves qu'elle porte.
Comprenant que l'amour, dans sa plus pure vérité,
Est un acte sacré, un secret à préserver.

Elle retourne alors, à son lit de douceur,
Avec un sourire, et une pensée de bonheur.
Ses parents, dans l'ombre, tissent des liens solides,
Elle sait maintenant, l'amour est une force limpide.

Un midi

À midi, le repas me fit trembler,
Je redoutais ce moment, mon cœur replié.
Avec mon père à table, relation si dure,
Je souris timidement, cherchant l'aventure.

Les premiers mots sont lents, les regards se croisent,
Je parle de livres, évitant les causes.
Les sujets lourds, les souvenirs amers,
Je veux créer un lien, même petit, sans éclairs.

Le temps passe doucement, la conversation légère,
Pour un instant précieux, une trêve sincère.
Mais soudain, un appel, maman interrompt,
Papa prend le téléphone, toute l'attention rompt.

J'espère qu'il raccroche, le fruit en main, plein d'espoir,
Pour continuer à parler, goûter ce rare réconfort.
Quand enfin il revient, un sourire j'ose,
Mais une araignée près de mon verre menace la pause.

Les larmes coulent, l'angoisse monte, le cœur battant fort,
Je demande de l'aide, ma voix tremblante, un effort.
Mais papa, impassible, me renvoie à ma solitude,
« Débrouille-toi seule, » dit-il, éteignant l'espoir et l'attitude.

Le moment plaisant se fane, laissant place à la douleur,
L'araignée est partie, mais reste la froideur.
Je me sens brisée, les liens redevenus distants,
Un repas qui promettait, mais finit en tourment.

La distance se creuse, les espoirs évanouis,
Pourtant au fond de mon cœur, une flamme encore luit.
Je sais que chaque instant, même fragile, a son importance,
Et que malgré tout, je chercherai la moindre chance.

Les pages infinis

Égarée dans le tourbillon de sa vie tourmentée,
Elle ne sait plus pensée, ses pensées étouffées.
Les événements s'écroulent, vagues de douleur,
Son esprit torturé cherche réconfort ailleurs,

Dans les multitudes de livres, elle trouve un abri,
Chaque mot, chaque ligne, un instant de répit,
Elle s'immisce dans des mondes de papier,
Imposant à son esprit de se concentrer.

Les histoires lui donnent des ailes imperceptibles,
L'entraînant loin des supplices indicibles.
Elle s'égare dans les pages, y trouvant son salut,
Dans cette mer d'encre où tout est perçu.

Entre les mots, elle reconstruit son être,
Chaque histoire un refuge, chaque chapitre une quête.
Dans les récits, elle cherche sa propre voix,
Espérant qu'un jour la paix reviendra

Le 29/07/2024

L'univers en décalage

Je suis là, mais le monde semble passer à côté,
Les voix s'entrelacent, les gestes se bousculent,
Je cherche à comprendre, mais tout me paraît étranger,
Comme un film projeté dans une langue que je ne sais lire.

Les sons sont trop forts, les lumières trop vives,
Mon corps se crispe, mon cœur se perd dans le bruit,
Chaque mouvement, chaque regard est un défi,
Un dédale invisible où je cherche à me frayer un chemin.

Je n'ai pas les mots que les autres attendent,
Ni la danse des regards qui en disent tant,
Mon monde est un puzzle dont les pièces s'échappent,
Mais pourtant, je ressens, je vis, à ma manière, intensément.

Peut-être que je ne vois pas comme vous,
Mais je vois autrement, et c'est aussi valable,
Ma réalité n'est pas moins, elle est simplement différente,
Un univers parallèle, tout aussi riche, tout aussi réel.

L'écho du théâtre

Je suis là, enfin, dans ce monde à ma mesure,
Là où les mots prennent vie, où le silence chante,
Le théâtre est mon lieu, mon souffle, ma parure,
Dans ses bras, je trouve la paix, là où je me sens vivante.

Sur scène, chaque geste a un sens, chaque regard est un lien,
Je deviens l'autre, je deviens mille âmes,
Les lumières m'enveloppent, me rendent sereine,
Je ne suis plus seule, je suis tout, je suis la flamme.

Chaque réplique est un souffle, un instant suspendu,
Les acteurs sont des frères, des sœurs dans cette danse,
Et moi, je suis là, ancrée, profondément ancrée,
Dans ce lieu où je peux enfin exister, sans peur, sans distance.

Le théâtre me dit que je suis à ma place,
Qu'ici, je suis entière, je suis tout ce que je suis,
Dans ce chaos d'émotions et de rêves qui se tissent,
Je trouve mon identité, mon refuge, et tout ce qui me suit.

156

L'étrangère en moi

Je suis là, mais je ne suis pas là,
Comme une ombre dans un monde trop grand,
Je cherche ma place, mais elle me fuit,
Derrière des sourires que je ne sais pas comprendre.

Les mots des autres résonnent comme des échos,
Ils semblent appartenir à un autre univers,
Et moi, ici, je suis juste une étrangère,
Un puzzle dont il manque la pièce, un mirage, un revers.

J'ai tout ce qu'il faut pour être, pour m'ancrer,
Mais chaque mouvement me ramène à ce vide,
Comme si la terre n'était pas la mienne,
Comme si ma place n'avait jamais existé.

Peut-être qu'un jour, je trouverai la clé,
Mais en attendant, je me perds dans cette danse,
Entre le désir d'être vue et la peur d'être là,
Un voyage sans fin, sans repères, sans chance.

L'attente

Le silence est épais, il pèse sur chaque seconde,
Les murs sont froids, le temps s'étire, se tord,
Les minutes passent sans jamais nous effleurer,
Nous, là, coincés entre l'angoisse et l'ennui.

Les pages du magazine se tournent sans bruit,
Les regards se croisent, sans jamais se rencontrer,
Chacun dans sa bulle, attendant une fin,
Un mot, un geste, un signal pour enfin partir.

Le carrelage éclatant semble s'étendre à l'infini,
Les minutes s'écoulent, lentes, presque figées,
Et je cherche, dans cet espace clos, une issue,
Quelque part au fond, où l'horreur de l'attente me laisse.

Mais tout se mêle, tout devient flou,
Le temps ne s'arrête jamais, ne nous épargne pas,
On attend, sans savoir pourquoi,
Juste que tout s'achève, juste que l'on nous appelle.

Montagne russe

Parfois, je suis un feu, éclatant, lumineux,
Mon cœur bat à mille à l'heure, tout est possible,
Le monde se danse, tout brille et tout est délicieux,
Je vole, je crie, je suis invincible, presque indicible.

Puis soudain, tout s'effondre, le sol disparaît,
Le ciel se ferme, la chaleur s'éteint,
Un vide lourd, comme une mer sans rivages,
Je suis là, noyée, sans force, sans lendemain.

Je monte, je tombe, comme une vague furieuse,
Les deux extrêmes me consument, me brisent,
Et entre les deux, je cherche un souffle,
Mais je suis perdue, coincée dans cette danse imprévisible.

Bipolaire, je me faufile entre la folie et la raison,
Parfois je suis le feu, parfois je suis l'eau,
Et au fond de moi, il n'y a pas de réponses,
Juste un désir de trouver la paix, quelque part, un jour.

Echos dans la tête

Les voix murmurent, loin, près, entre deux murs,
Elles glissent sous la peau, comme une brume fine,
Elles me parlent, me chuchotent des mots durs,
Que je ne veux pas entendre, que je ne peux ignorer, clandestines.

Je les cherche, je les fuis, elles me poursuivent,
Le monde extérieur devient flou, sans couleur,
Et tout ce qui est vrai semble perdre son sens,
Le réel se dérobe, pris dans un tourbillon de peur.

Est-ce que c'est moi, ou est-ce le vent qui parle ?
Les pensées se mêlent, se déforment, se battent,
Je les entends m'appeler, m'insulter, m'étouffer,
Mais je ne sais plus si c'est la folie ou la vérité.

Dans cette guerre invisible, je suis à la fois l'assaillant et la proie,
Les frontières se brouillent entre l'ombre et la lumière,
Et quand je crie, personne ne m'entend vraiment,
Les échos restent là, clairs dans ma tête, sans frontière.

Avouer ce secrets

Les mots se bloquent, lourds dans ma gorge,
Un poids que je porte, invisible, silencieux,
Un souffle court, un cœur qui explose,
À l'idée de tout leur dire, de tout briser en deux.

Je les vois, ces visages pleins d'amour,
Mais la peur s'enroule autour de moi, serrée,
Que vont-ils penser, que vont-ils dire,
Quand je leur avouerai ce que je suis, ce que je n'ai jamais su dire
?

Est-ce qu'ils comprendront ? Ou est-ce que je perds tout,
Ce qu'ils m'ont appris, ce qu'on a partagé ?
Je tremble, je vacille, mais il faut que ça sorte,
Que je les regarde, enfin, sans cacher cette vérité.

Mais au fond, ce n'est qu'une part de moi,
Ni plus ni moins, juste un autre reflet,
Alors pourquoi ce silence, pourquoi cette crainte ?
Ils m'aimeront, n'est-ce pas ? Comme ils m'ont toujours aimée.

Noël, c'est stylée, mais chelou

Noël, c'est des lumières qui clignotent partout,
Des chocolats en veux-tu, en voilà, dans les joues.
C'est les pulls moches que mamie trouve trop beau,
Et la playlist qui joue Mariah Carey en écho.

On veut des cadeaux qui claquent, des gros paquets,
Mais on oublie parfois de dire "merci" poliment.
Les adultes parlent fort, refont le monde à moitié,
Nous, on traîne sur nos télés, en cachette, discrètement.

Dehors, la neige ? On la voit que dans les films,
Ici c'est gris, il pleut, l'hiver fait le difficile.
Mais tant pis, on s'invente des décors en rêve,
Sous le sapin qui clignote, on s'élève.

Les rues sentent le vin chaud, ça donne le sourire,
Même si Noël, parfois, c'est juste un vieux délire.
On grandit, on se dit que la magie se barre,
Mais dès qu'on ouvre un cadeau, on a 8 ans, peinard.

Alors Noël, c'est bizarre, c'est vrai, c'est un mix :
De nostalgie, de rires, de selfies, et de tics.
On râle, on soupire, on dit "vivement que ça passe",
Mais au fond, on aime bien… être tous à la même place.

Les échos de la joie perdus

La joie, c'était quand on courait dans l'herbe,
Quand on criait sans penser, sans retenue,
Quand le monde était grand et qu'on n'avait pas de barbes,
Que l'on sautait dans les flaques, les pieds nus.

C'était un rire, un éclat, un nuage,
Un ballon lancé trop haut qu'on voulait rattraper,
C'était toucher la lune avec des étoiles dans l'âge,
Et croire que demain serait encore à jouer.

Mais maintenant, tout ça semble si loin,
Les rires sont devenus des échos lointains,
On oublie les traces des pieds dans la boue,
Et la joie, elle s'éteint quand on regarde tout.

C'était simple, c'était pur, c'était fou,
Et aujourd'hui, on regrette, juste un peu, tout.

Enfin un sapin

Après des milliers de demandes, enfin, un sapin,
Mon frère et moi, rassemblés, on l'a fait, tout simples,
Nos parents, réticents, nous ont laissés, à peine,
Mais on a persévéré, dans un souffle, tout petits.

C'était beau, c'était bien, mais il manquait un truc,
Le cœur de Noël, ce que j'avais oublié,
Puis au lycée, avec mes amis, magique,
J'ai retrouvé ce qui rend tout ça sacré.

Les rires, les mains qui s'entrelacent, les guirlandes,
La chaleur d'un instant, partagée, fragile,
Là, c'était Noël, pas juste des décorations,
C'était l'étincelle qui faisait battre le cœur.

Alors oui, le sapin à la maison, il était joli,
Mais c'est là, avec eux, que j'ai retrouvé la magie.

La mort c'est quoi ?

La mort, c'est quoi ? Un truc qui fait peur,
Un passage obligé, mais pas juste un malheur.
Ouais, c'est dur, ça pique, ça laisse des trous,
Mais des fois, tu vois, elle arrive pour rendre tout plus doux.

Un enfant malade, tu crois qu'il doit souffrir ?
Toute sa vie en bataille, sans jamais un sourire ?
Non, des fois, la mort, c'est un genre de repos,
Un "ça va aller maintenant", un dernier cadeau.

Et une mamie de 80 ans, trop fatiguée,
Elle a tout donné, elle a tout partagé.
Si elle reste à se battre pour juste exister,
C'est pas ça, la vie, c'est pas ça qu'on veut garder.

La mort, c'est pas fun, mais elle équilibre tout,
Elle donne un sens aux jours, elle rend la vie plus folle.
Sinon, on serait là, coincés dans l'éternité,
À tourner en rond, sans rien à espérer.

Ouais, ça fait pleurer, mais faut pas l'oublier,
Elle apaise les douleurs qu'on peut plus soigner.
C'est moche et c'est beau, c'est un peu tout à la fois,
Mais sans elle, la vie, elle marcherait pas.

À Vous, Chers Lecteurs

Merci à vous, qui avez tourné ces pages,
Voyageant avec moi à travers chaque image.
Votre regard a plongé dans mes mots,
Votre cœur a résonné avec les échos.
Chaque vers, chaque strophe, chaque rime,
A trouvé un écho dans votre esprit sublime.
Vos yeux ont découvert mes émotions,
Donnant vie à mes pensées, mes passions.
Vous avez écouté le murmure de mes rêves,
Navigué sur les vagues de mes rêves sans trêve.
Dans les silences et les cris que j'ai partagés,
Vous avez trouvé des reflets de votre propre vérité.
Merci pour votre temps, pour chaque instant,
Pour chaque moment passé, si précieux et bienveillant.
Votre soutien est une lumière dans la nuit,
Un guide doux qui éclaire mon chemin, sans bruit.
Que chaque poème, chaque mot, vous ait touché,
Comme vous avez touché mon âme d'auteur émerveillé.
Avec gratitude, je vous offre ces lignes sincères,
Un humble remerciement pour ce voyage littéraire.

Le 27/07/2024

Remerciements

Je voudrais exprimer ma gratitude envers plusieurs personnes qui ont contribué à l'écriture de ce recueil de poèmes.
Ce projet représente énormément pour moi.
Bien que j'aie déjà publié un livre retraçant une partie de mon combat contre l'anorexie lors d'une hospitalisation en pédopsychiatrie, qui m'a grandement aidé et m'a servi de "brouillon" malgré tous mes efforts pour en améliorer la qualité, je sais maintenant que je suis plus douée en poésie qu'en roman.

Je voudrais commencer par vous remercier, vous, lecteurs, qui avez pris le temps de lire ce recueil pour lequel j'ai travaillé durant plusieurs années.
Ensuite, je tiens à remercier ma mère, dont l'esprit critique m'a permis de m'améliorer aux fils des mots. Malgré cela, elle n'a jamais cessé de m'encourager dans ce projet.

Un remerciement à ma pédopsychiatre, qui n'a jamais douté de mes compétences et m'a constamment encouragée. Votre confiance en moi a été une source inestimable de motivation.

À l'équipe soignante de la clinique où j'ai été hospitalisée, dont j'ai parlé dans mon premier roman. Votre soutien a été essentiel, tant durant mes hospitalisations pour anorexie puis pour problèmes familiaux qu'à mon retour chez moi. Vous m'avez une fois de plus soutenu avec dévouement et vous m'avez poussé à réaliser mes projets, y compris l'écriture de ce livre.

Je remercie également ma meilleure amie, Clara, qui m'a toujours épaulée et encouragée dans tous mes projets depuis que nous nous connaissons.

Un grand merci aussi à mes professeures de français de première et de troisième, qui on pris le temps de me donner leurs avis sur quelques-uns de mes poèmes.

Merci à Lilou, une fille avec qui je ne pensais jamais reprendre contact après la primaire, mais qui s'est révélée être une personne formidable avec qui j'ai partagée des moments inoubliables à la chorale du collège. Merci pour ton aide précieuse dans la correction des fautes de ce livre.

À Naëlle, qui m'a toujours poussée dans mes retranchements, m'a soutenue dans les moments de faiblesse et m'a souvent remise sur le droit chemin quand il le fallait. Merci de supporter ma présence en cours d'anglais.

À Mes professeure de mathématique et de SVT de collège, qui ne m'ont jamais interdit d'écrire durant leurs cours.

A la «Chloé *bis*» que j'ai rencontrée à la fin de la concrétisation de ce projet et qui m'as épauler et conseillée sur ce projet.

À toutes les personnes qui m'ont inspirées ces poèmes. Votre influence a été essentielle dans mon processus créatif.

À Célia, Chloé, Mallaury, Noémie et Nohan qui ont cru en mon projet depuis le début. Votre soutien indéfectible a été une véritable source d'encouragement.

Je n'oublie pas mes grands-mères, qui ont subis les récitations parfois trop longues de mes poèmes et qui ont contribuées au financement de cette publication avec d'autres personnes que je ne connais pas mais que je remercie sincèrement. Enfin, merci à certaines de mes amies pour avoir bien voulu former un comité de lecture, ainsi qu'à d'autres pour leurs avis et conseils précieux.

Merci à vous tous, du fond du cœur.

Leeloo Derhore

*Composition et mise en page réalisées
avec l'aide de WriteControl*